Vía férrea

Vía férrea

AHARON APPELFELD

Traducción del hebreo por
Raquel García Lozano

Segunda edición corregida: marzo de 2005
© Editorial Losada
Moreno 3362 - 1209 Buenos Aires, Argentina
Fuencarral 45, 2º G, 28004, Madrid, España
T +34 915 234 618
T +34 915 241 122
www.editoriallosada.com
Producido y distribuido por Editorial Losada, S. L.
Calleja de los Huevos, 1, 2º izda. - 33003 Oviedo
Impreso en la Argentina
Título original: *Mesilat barzel*
© A. Appelfeld, 1998. All rights reserved
Traducción: Raquel García Lozano
Revisión de la traducción: Elena Appelfeld
Queda hecho el depósito que marca la ley 11.723.
Libro de edición argentina
Tirada: 3.000 ejemplares

La traducción de este libro ha contado con la ayuda
de la Embajada de Israel en Madrid

Appelfeld, Aharon
    Vía férrea. -1ª ed. - Buenos Aires: Losada, 2005.
    200 p.; 20 x 13 cm.

    Traducido por: Raquel María Lozano
    ISBN 950-03-0646-8

    1. Literatura Hebrea. I. Lozano, Raquel María, trad.
II. Título
CDD 892.4

I

Llevo desde el final de la guerra siguiendo el mismo itinerario: un recorrido largo y tortuoso que se extiende desde Nápoles hasta el frío norte, una línea de trenes regionales, tranvías, taxis y coches de caballos. Las estaciones del año pasan ante mis ojos como un espejismo. Estudié esta ruta sobre mi cuerpo. Ahora conozco cada fonda y cada albergue, cada restaurante y cada cantina, todos los medios de transporte que te conducen a los rincones más remotos. Ahora puedo sentarme en una cantina e imaginarme, por ejemplo, lo que pasa en la lejana Hansen, cómo cae la nieve y cubre suavemente las estrechas callejuelas, el café Anton, donde ya por la mañana temprano sirven panecillos recién hechos, café y mermelada de cereza. Precisamente en esos lugares olvidados de Dios me esperan pequeños placeres que activan mi memoria durante muchos días. Ya he aprendido que los pensamientos, sean lo nobles que sean, pasan como el viento, pero el sabor de un panecillo recién hecho y de la mermelada casera, por no hablar del de un cigarro, permanecen en ti mucho tiempo. Me basta a veces con imaginar el café Anton para apartar de mi mente los malos pensamientos. Los lugares pequeños, remotos, me agradan. Me alejo de las grandes ciudades como de la peste. Las ciudades me producen terror, o peor aún, melancolía.

La gente tiene casas confortables, tiendas y almacenes, pero yo tengo todo el continente. Me siento como en casa en todos los rincones abandonados. Conozco lugares que no se encuentran en ningún mapa, lugares de una sola casa y un solo árbol. Cuando comencé mis viajes me perdía, me confundía, me quedaba clavado y esperaba en vano. Hoy con un solo tañido soy liberado del laberinto. Conozco los medios de transportes de pueblo con todos sus entresijos. Qué conductor trabaja el lunes y cuál los días de fiesta. Quién está dispuesto a arriesgarse en una tormenta de nieve y quién es un holgazán sin remedio. En resumen: quién es amigo y quién no.

En el pequeño y maravilloso Herben, del que seguiré hablando en su momento, me espera cada año, el cinco de abril, el veterano conductor Marcelo. Al verlo desde la ventanilla del tren me embarga una gran alegría, como si volviera a mi olvidada ciudad natal. Hace más de veinte años que me espera en esa fecha. Cuando estoy en la puerta del vagón, corre hacia mí, me quita la maleta de la mano y me hace entrar directamente en su taxi. Desde el pequeño Herben vamos a un lugar llamado Herben Alto, es un viaje de dos horas y media. Durante el viaje me habla ape todo lo que ha pasado en la ciudad, de sí mismo, de sus compañeros y por supuesto de su ex mujer, que lleva mucho tiempo exprimiéndole. Y así cada año. Hay una extraña esperanza en esa repetición. Como si no nos esperase la aniquilación sino una continua renovación.

Los trenes me han hecho libre. De no ser por ellos, ¿qué hubiese sido yo en este mundo?: un insecto casero, una larva burocrática, y, en el mejor de los casos, el dueño de una tienda de pueblo, una especie de hombre-oruga que se levanta por la mañana, trabaja ocho o nueve horas y por la tarde, con las fuerzas que le quedan, cierra la tienda. Y cuando vuelve a casa, ¿qué se encuentra?: una mujer gruñona, un hijo ingrato y un montón de facturas. Detesto esas madrigueras oscuras llamadas casas. Cuando me subo a un tren, al instante me elevo sobre las alas del viento.

El tren es pesado y torpe por naturaleza, pero no siempre. En los terrenos abiertos, cuando toma velocidad, cambia de cara, se libera de su peso y vuela. Por las noches ese vuelo tiene un sabor especial. Duermes de otra forma. Durante los primeros años ese vuelo me producía vértigo, presión en el pecho y temor. Hoy entro en el tren como quien vuelve a casa. Si la cafetería es cómoda me quedó allí, y si no lo es busco un asiento junto a la ventanilla. Los vagones vacíos me divierten. Pensar que estoy solo en un vagón me causa un extraño placer. Hay algo que aborrezco: los sándwiches y los termos. Una persona en el tren mordisqueando un sándwich y bebiendo del vaso del termo se convierte para mí en un mendigo. Estoy dispuesto a pagar cinco dólares por un vaso de café, a condición de que me lo sirvan. Cuando me sirven un café, mi depresión se contiene durante una hora entera.

Otro tema es la música. En los últimos años han instalado en las cafeterías unos ensordecedores altavoces. Me gusta la música, pero tiene que ser suave. Detesto los tambores, me sacan de mis casillas. Durante los primeros años huía de la música clásica como de los entierros, pero poco a poco he aprendido a apreciar sus ocultas virtudes, la droga blanda que destila. Es una bebida de la que no se puede prescindir si uno se engancha a ella. Después de una hora de cuartetos soy otra persona. La música me calma los nervios indomables y reacciono, si se puede decir así, con tranquilidad y sin autocompasión.

Cuando entro en la cafetería compruebo lo que me dicen los altavoces, el camarero y los clientes. La cara desagradable de un camarero puede echarme del tren, pero si tiene un rostro apacible intento conquistarlo, le doy un billete o dos y entonces apaga los tambores y pone la emisora clásica. Los camareros veteranos ya me conocen. Saben que recibirán su recompensa.

Un vagón caliente y música son mejores que cualquier habitación de hotel. Los hoteles producen melancolía y desesperación, pero no el tren. El tren embriaga completamente cada uno de tus miembros. No puedo olvidar que mis contrincantes, mis enemigos, también pululan por los trenes y que debo tener mucho cuidado. Mis contrincantes son personas delgadas y de baja estatura, y no tienen la agilidad de los jóvenes sino la de quienes temen por su vida. Ves su fin en andenes abiertos y rápidamente se escabullen y desaparecen en el primer tren. Al igual que yo, son animales de tren bien adiestrados.

En más de una ocasión me dan ganas de acercarme a ellos y confesarles que no tengo nada que ver con esta contienda. Yo estoy dispuesto a cualquier pacto y a hacer una división del terreno, con la condición de que no haya competitividad ni animadversión. He dicho, estoy dispuesto, pero el caso es que aún no he hecho nada para ir a hablar con ellos. Hace unos años tropecé en la oscuridad con uno y le dije: "¿Por qué huyes de mí?, ¿qué te he hecho?", pero estaba tan asustado que palideció y no abrió la boca. Desde entonces no he cruzado una palabra con ellos. Lo único que sé es que no son muchos, seis o siete en total, y que al parecer llevan el mismo camino que yo. Una vez me encontré en un vagón vacío a uno de ellos, estaba acurrucado en su abrigo y agarraba su pequeña maleta con las dos manos como si fuera un niño dormido. Me dispuse a despertarle y a invitarle a un café, pero luego pensé que no se debe despertar a una persona dormida.

La verdad es que, de vez en cuando, me embarga cierta opresión, un miedo repentino o un rechazo incomprensible. Esos estados de ánimo, o como se llamen, al principio me paralizan. En más de una ocasión me he quedado encerrado en un hotel perdido porque la vida me parecía de pronto turbia y absurda. El invierno en estas zonas es gris y largo y por la mañana cualquier sitio que esté fuera de la cama es deprimente. Una vez creí que había comenzado una nueva guerra y me pasé en la cama dos semanas. Debo confesar que me gusta más dormir de día que de noche. En el hecho de pensar que el mundo está preocupado y tenso, y que yo estoy durmiendo en una cama amplia, tapado con tres suaves mantas, hay cierta venganza.

Con el paso de los años he aprendido a superar algunos de mis temores. Hoy me levanto y de inmediato me acerco al lavabo y empiezo a afeitarme. He comprendido que afeitarte te hace ser más optimista. Una hora delante del lavabo me devuelve el placer por los caminos y el recuerdo del vuelo sobre las ruedas. Nada más entrar en un tren comienzo a vivir, mis pies pisan un terreno seguro.

Si no fuera por mis negocios no saldría de las estaciones. En el tren hay de todo: música estupenda, paisajes cautivadores y una mujer en el momento oportuno. No hay nada como el amor en los trenes. A veces es un amor de una estación o dos. Lo más importante es que no volverás a ver nunca más a esa mujer. A veces te complicas y de pronto, además de la maleta, tienes a tu lado a un ser pesado y adormilado que requiere sin dilación café y cigarros. Por eso me repito: un amor de dos estaciones, no más. Los amores esporádicos son útiles y no son dolorosos. Un amor de una estación o dos es un amor sin amarguras que se olvida rápidamente. Cualquier contacto más allá de eso ensucia los sentimientos, amenaza y deja un rastro de rencor. Lamentablemente las mujeres no comprenden eso, se hacen daño a sí mismas y, por supuesto, a mí.

He dicho que se olvida rápidamente y me retracto. Mi memoria es mi tragedia. Mi memoria es un pozo secreto que no pierde ni una gota, por utilizar una forma de hablar anticuada. Con ningún aparato se destruye. Mi memoria es una poderosa máquina que conserva años e imágenes. A veces creía que los caminos golpearían mi memoria: me equivocaba. Debo confesar que, con los años, mi memoria sólo se ha fortalecido. Si no fuera por mi memoria mi vida sería distinta, es de suponer que mejor. Mi memoria se llena hasta asfixiarme y chorrea sin pausa imágenes diurnas y nocturnas. Es un flujo malvado que se filtra también en mi sueño. Mi memoria tiene raíces en cada uno de mis miembros, cada choque y cada arañazo hacen que fluya de nuevo. Pero en los últimos años también he aprendido a superar ese mal. Una copa de coñac, por ejemplo, me aleja un rato de mis recuerdos, y me siento aliviado como después de un intenso dolor de muelas.

II

Hoy se han cumplido cuarenta años desde que fui enganchado a esos caballos de carreras llamados locomotoras. Si no fuera por el cansancio y determinadas mujeres no saldría de las estaciones. Con el paso de los años he aprendido a amarlas. Hay estaciones en las que se encuentran sándwiches exquisitos, un café estupendo e incluso un momento de verdadero descanso. Los andenes bulliciosos a veces dejan un silencio diáfano, pero hay que reconocer que con frecuencia mis estaciones rebosan de personas, paquetes, prisa y olor a abono químico, y es preferible quedarse fuera a esperar el siguiente tren.

Mi ruta dura un año y es redonda, o mejor dicho, ovalada. Comienza en primavera, se curva y llega a su fin a finales del invierno. Es una ruta de infinidad de estaciones, pero para mí tiene sólo veintidós, las demás no me importan. Las conozco como la palma de mi mano, llegaría a ellas con los ojos cerrados. Hace años el tren nocturno se saltó una de mis pequeñas estaciones y mi cuerpo dio la voz de alarma al instante. Confío en mi cuerpo más que en mi mente, él me muestra de inmediato los errores.

El veintisiete de marzo salgo de Wirblbahn en el tren de la mañana y comienza mi viaje. Prefiero ese tren al expreso que sale al mediodía. Los expresos me marean incluso ahora. La noche anterior a la partida la paso despierto, asomado a la ventana y esperando mi sentencia. Si el cielo está despejado, sé que ese año mi viaje será metódico y la gente amable conmigo, pero si el cielo está encapotado, tengo claro que el año será confuso, que los vándalos conspirarán contra mí y mis ganancias serán escasas.

Odio las supersticiones, pero qué le voy a hacer, en los últimos años se me han pegado como sanguijuelas. Vivo siguiendo unas señales, unos códigos cuyo significado sólo yo conozco. Me resulta difícil de asumir, sin embargo no se debe negar la evidencia: hay determinadas personas que me provocan alegría y ganas de vivir, y otras que, a veces sin querer, me deprimen completamente. Un taxista que me dice: "Sabía que llegaría hoy, por eso he rechazado a un viajero y le he esperado", me renueva de golpe. Es cierto que los taxistas me aprecian porque les doy una propina, pero no sólo por eso. A veces se sientan un rato conmigo en la cantina, recuerdan lo que les conté en mis visitas anteriores y se ríen de las nuevas bagatelas. En su fuero interno saben que pertenezco a su desdichada tribu.

A las siete de la mañana estoy preparado con mi maleta en la estación ferroviaria de Wirblbahn. Cada vez que me voy o vuelvo aquí me asalta el temor. Me flojean las piernas y la tensión se atrinchera en la boca de mi estómago. Sólo dos tranquilizantes consiguen aplacar la crisis. Debido entre otras cosas a ese pánico he intentado cambiar el punto de partida de mi viaje, pero hasta ahora no lo he conseguido, y voy a explicar por qué: en Wirblbahn, que no es más que una explanada con almacenes, varios puestos de vigilancia y un humilde albergue, en ese maldito lugar morí y volví a la vida. A esa estación perdida nos condujeron los alemanes y allí nos abandonaron. Estuvimos tres días encerrados y al tercer día el tren se detuvo. Las alas de la muerte se alejaron, pero nosotros no lo sabíamos, ya estábamos hundidos en el delirio de la muerte. A la mañana siguiente alguien descorrió los cerrojos y un haz de luz nos inundó. Ésa fue nuestra resurrección. Aún la siento en mi cuerpo. Esa mañana comenzó mi extraña vida. A veces creo que todo está relacionado con aquella mañana. Ni la muerte ni la resurrección asombran. La gente no se alegró aquella mañana, nadie se movió de su sitio.

Wirblbahn es para mí un capítulo mudo. Una persona creyente habla en cualquier situación, pero yo me quedo paralizado cada vez que recuerdo aquella resurrección. Éramos veinticuatro en total, algunos muertos y dos niños a quienes se les enturbió la luz de los ojos para no volver a brillar nunca. Estaban sentados junto a la puerta del vagón con las piernas colgando y sin pedir nada. Era una amplia explanada que por alguna razón parecía un gigantesco cuadrado dividido a su vez en grandes cuadrículas, y los espacios entre ellas eran terrenos vacíos, desiertos, donde habían cortado cualquier cosa que creciera allí. Nos enteramos de que eran almacenes de provisiones en donde íbamos a trabajar.

Alguien me tocó el brazo y dijo: "Está bien, pero es demasiado tarde", y volvió al vagón. Recuerdo su mirada y el sonido de sus pasos. Sus pasos se hundieron en mí hasta tal punto que a veces me parece oírlos incluso cuando estoy en los brazos de una mujer entregada. Wirblbahn es una herida que no cicatriza. La siento sobre todo las noches cálidas de verano, es una herida que anida en secreto y despierta de pronto. Estaba seguro de que era una úlcera dormida, pero en los últimos años he descubierto que es el recuerdo de Wirblbahn lo que me produce esa tensión en la boca del estómago, y los dolores van en aumento. Me pasa sólo en verano y sólo por la noche. Una vez conseguí alejar de mi cabeza la imagen de Wirblbahn y el dolor cesó.

Y a pesar de todo vuelvo allí cada año, sin alegría pero con cierta puntualidad forzada, permanezco en el albergue dos semanas y el veintisiete de marzo me pongo en camino. Si encontrara a alguien me resultaría más fácil, allí no hay ni un alma. Los escasos vigilantes están dormidos o borrachos y el dueño del albergue es sordo. Durante la guerra luchó en el frente oriental y perdió el oído. No se avergüenza, ha colgado sus fotografías de la pared del albergue. Era sargento de división.

Hace unos años vi a un hombre dando vueltas por el patio del albergue y tuve la convicción de que estaba viendo a uno de los compañeros que habían resucitado allí conmigo. Por supuesto fue una ilusión, nadie vuelve a ese lugar, sólo yo y las sombras que llevo conmigo. Allí reina una infinita desolación. ¿Qué hago aquí?, me vuelvo a preguntar. Y así cada año.

Hace un año no pude resistirme y le escribí al dueño del albergue una nota:

–¿Dónde estuvo durante la guerra?

–Llegué hasta Stalingrado –contestó con letra clara.

–¿Y allí perdió el oído?

–Así es.

–Hitler engañó al mundo –escribí.

–No es cierto –contestó de inmediato.

–¿Por qué? –quise saber qué quería decir.

–Hitler quería exterminar a los judíos y lo hizo –explicó.

Como no le contesté, añadió con grandes letras:

–Era una importante misión y se llevó a cabo con éxito.

–Pero ellos siguen vivos –no pude resistirme.

–Error –contestó sin dudar.

Al revelarme sus secretos debería haberle matado. No hay nada más fácil que matar a una persona, pero por alguna razón no pude.

Al despegarse las ruedas de los raíles me prometí que no volvería allí nunca más, pero no se puede confiar en mis promesas, mi itinerario es cada año más fijo, está hundido en mi cuerpo y no admite protestas.

El viaje desde Wirblbahn hacia el norte no es duro, tal vez por la música. Una buena música me embriaga más que el coñac francés. Afortunadamente, en esa parte del camino no tengo necesidad de sobornar al camarero. También a él le gustan los cuartetos. Si no hay nadie en la cafetería nos sentamos juntos y nos embriagamos con las notas. Se llama August y tiene cinco años más que yo. Por supuesto participó en la guerra, pero no me atrevo a preguntarle dónde. La animadversión hacia los judíos es enorme, y tras dos o tres copas se reviste de duras palabras. Ya me he encontrado con personas sensibles, amantes de la música clásica, que no dudan en mostrar su animadversión hacia los judíos.

Nada más salir de la zona de Wirblbahn la tensión de mis hombros desaparece y me siento relajado. Aunque no del todo. Dos semanas en Wirblbahn dejan huella. No es fácil quitarse de la cabeza las formas geométricas, ésas que se atrincheran en ti con todos sus ángulos. De las imágenes de Wirblbahn sólo me libero realmente en el pequeño Herben, allí me espera un baño caliente y estoy en remojo tres horas seguidas. Sólo los baños calientes pueden librarme de la melancolía. No cualquier baño, por supuesto. En los hoteles pequeños y perdidos sólo hay bañeras pequeñas y estrechas, y en otros sólo duchas. Es preferible el sudor corporal a una ducha estremecedora. Sólo en el pequeño Herben he encontrado una bañera acorde con mi cuerpo, sólo allí le doy un poco de descanso.

III

Tras tres horas seguidas de viaje, el tren se detiene en Prachthof. Es un pequeño pueblo sobre una loma verde. En ese pueblo vive mi antigua amada, Bella. Hace años que no la he visto, pero continúa viviendo en mi interior en silencio, no hay día que no pase delante de mí. Conozco la estación de Prachthof al dedillo. Volvería allí como un perro a su guarida. En más de una ocasión tengo ganas de bajar y quedarme, aunque sólo sea en la cantina, pero me contengo y no me muevo de mi sitio. Afortunadamente la parada es corta, cierro los ojos y paso de largo. La emoción es la misma. Está claro que los años no hacen lo que deberían hacer.

A Bella la conocí después de la guerra en uno de los almacenes, no muy lejos de Wirblbahn. Tenía diecinueve años, una flor muda en un mar de inmundicia. Nadie sabía qué hacer con su supervivencia, la asfixia era enorme, las peleas duras, la gente acaparaba provisiones sin ningún pudor. La vida era violenta y fea. Los campos nos seguían a todas partes, como si aún no hubiésemos salido de las celdas de la muerte. Cogí a Bella de la mano y la saqué a la calle. Era hermosa, con una belleza que al parecer sólo brota en las zonas áridas entre la vida y la muerte. Huimos a las montañas, durante muchos días caminamos a través de la alta vegetación sin cruzar una palabra. El verano se extendía sobre los pastos regados y nosotros dormíamos unas horas en medio de la espesura. Así llegamos a Prachthof, un pueblo pequeño con un centro sombrío. Las casas estaban hechas de piedras del lugar. "Nos quedaremos aquí", dije, y eso hicimos. Yo tenía algunos dólares que recibí del Joint[1] y dos relojes. La muerte, que nos había perseguido durante todo el camino, sólo nos dejó libres en Prachthof.

Al día siguiente, sin decir nada, Bella se desplomó y se durmió. Al principio me pareció un sueño normal y tranquilo, pero al cabo de dos días me di cuenta de que era otra clase de sueño, una especie de caída. Me dio miedo y la desperté. Se levantó, articuló unas sílabas y, con una sonrisa que jamás había visto, volvió a desplomarse. Tenía pensado abandonarla y dirigirme hacia el norte como hacía todo el mundo, pero algo en mí, seguramente el miedo, me impidió hacerlo y me quedé con ella. No lo hice por gusto. La compasión no es una virtud.

Tras dos semanas durmiendo se despertó. Su rostro se vio recompensado. Estaba hambrienta como después de una larga enfermedad.

—¿Qué te ha pasado, Bella? —pregunté

—Nada.

—¿Por qué has dormido tanto? —añadí como un idiota.

Ella inclinó la cabeza sin decir nada.

—¿Dónde has estado? —pregunté.

1 Comité de ayuda al pueblo judío, fundado en 1914. (*N. de la T.*)

Me miró y vi el abismo que se abría en su rostro. Ese ser pequeño y débil, que de cerca era como un pobre refugiado, ahora era más alto que yo y parecía decir, por qué me molestas. Es mi forma de hablar, no tengo otra.

Y a pesar de todo, mi lengua me apremió a decir:

–¿Qué has soñado?

Volvió a lanzarme la misma mirada muda y supe que había hablado con torpeza.

Su secreto se iba hundiendo en un lugar cada vez más profundo. Su rostro se fue llenando, sus mejillas se sonrosaron y una sonrisa rota se pegó a sus labios. Su débil belleza anterior parecía haberse desvanecido y dos gruesas líneas surcaron su frente.

–¿Cómo te encuentras? –volví a intentar hacerle hablar.

–Bien.

–¿En qué idioma hablabais en casa?

–Yiddish.

–¿Lo has olvidado?

–No.

Es todo lo que conseguí sacarle. Sus respuestas eran de una palabra y a veces de una sílaba, como alguien a quien le han arrancado su idioma de la boca. Era una primavera que recordaba otra. Los largos años de la guerra habían borrado de mi cabeza las imágenes hogareñas. La gente se sentaba junto a las hogueras con las manos tendidas hacia las llamas.

Entretanto se me acabó el dinero. Lo que tenía para vender, lo había vendido ya. Los refugiados inundaban el lugar por todas partes, compraban, vendían y se apretujaban en los almacenes vacíos. "Bella", intenté sacarla de su mutismo, "no tenemos ni un céntimo y debemos ponernos en camino". Al parecer no comprendió o no quiso ser una carga, entonces la dejé y me uní a los contrabandistas. Por aquella época, quien quería vivir se unía a los contrabandistas. Ellos insuflaban vida en los huesos secos. Entre los contrabandistas había hombres altos y delgados que llevaban paquetes sobre los hombros como si tal cosa, pescadores, farmacéuticos, veterinarios, personas delicadas que antes de la guerra se sentaban a mesas talladas y escribían registros o memorandos, pero que junto a los andenes parecían como todos nosotros, unos delincuentes.

El contrabando nos embriagaba. Hacíamos contrabando de tabaco, mecheros, cámaras fotográficas, relojes, coñac, de todo. Era una red que se bifurcaba y se extendía desde Nápoles hasta Copenhague, una red de gente entregada que revolucionaba la zona y tenía a la policía a sus pies. Afortunadamente todos estaban cansados, las autoridades estaban confusas y con una pequeña cantidad se sobornaba a los altos funcionarios.

A veces volvía a Prachthof. Bella había cambiado. Las gruesas líneas se habían borrado de su frente y un tono sonrosado le cubría la cara.

–¿Qué tal? –le preguntaba.

–Bien.

El secreto de su rostro se había ocultado. Trabajaba en la cocina del Joint. La gente le acercaba los platos y ella los llenaba de sopa. Si había patatas o arroz, lo servía de la misma manera. Sus movimientos reflejaban la lentitud propia de quien no está satisfecho con su trabajo.

–Ven conmigo –buscaba su proximidad.

–¿Y quién trabajará en la cocina? –respondía sencillamente.

Cada vez que volvía a Prachthof permanecíamos en silencio. Me resultaba difícil hablarle. Las palabras se me pegaban al paladar y lo que me salía de la boca sonaba balbuceante, grosero y ofensivo. Bella irradiaba a su alrededor una magia cada vez más atemorizante. Al final dejé de ir. Ahora sé que no ha habido ninguna mujer que me conociera como ella. Desde entonces he tenido muchas mujeres, algunas cautivadoras, pero sólo con Bella conocí el verdadero mutismo. Hoy sé que hay mucha hipocresía en las palabras. Sólo alguien callado me inspira confianza.

Con el tiempo supe que se casó con un superviviente que se había enriquecido, que tuvo dos hijos y que trabajaban en los negocios de su padre. Lo sé todo por rumores. Han pasado cuarenta años desde que la vi por última vez, pero sigo sintiendo la misma atracción oculta hacia ella. A veces creo, seguro que me equivoco, que también ella piensa en mí.

IV

Desde Prachthof continúo hacia el norte. El tren pasa por estaciones de pueblo sin detenerse. Gracias a Dios no tengo ninguna relación con ellas. Me siento en la cafetería y me tomo un café. Con una módica cantidad soborno al camarero y enseguida pone la emisora de música clásica. Incluso ahora me cuesta apartar de mi vista la imagen del rostro de Bella. Con los años crece en mí, su rostro se ha formado y su cabello ha encanecido, pero el mutismo de sus ojos no se ha desvanecido. Una vez uno de los supervivientes me contó que la había visto en una tienda, una gran tienda textil, midiendo una tela para una cliente. "¿Preguntó por mí?", pregunté. "Preguntó", contestó. Desde entonces respira en mí con más fuerza. En mi imaginación ya no sirve a los supervivientes en la cocina del Joint sino que está en la tienda midiendo telas, su marido permanece junto a la caja amasando una fortuna y los jóvenes han engordado de tanta ociosidad, pero Bella no les regaña, sólo los mira y, cuando la sorprenden haciéndolo, se enfurecen y la reprenden con brusquedad.

Hasta hace cinco años estaba entregado a ese ritmo frenético, pero desde que me descubrieron una úlcera lo paso mal con tanto trajín. Tras un día de viaje necesito descansar urgentemente. Calmo mi estómago con comidas ligeras, no pruebo la carne frita y como mucho yogur, pero no dejaré de fumar. Sin un cigarro no soy nadie, me tiemblan las manos y pierdo la memoria. Se lo he dicho al médico y vuelvo a afirmarlo: no dejaré de fumar. Si tiene algún sentido levantarse por las mañanas es saber que hay un cigarro esperándome sobre la mesa. Si no fuera por el cigarro, ¿qué sentido tendría levantarse? Si una mujer me reprende porque fumo en la cama, corto toda relación con ella.

Estuve tres años dedicándome al contrabando. Tres años de trasiego ininterrumpido, peligro y miedo que olvidábamos llevados por el entusiasmo. Nadie preguntaba por qué, cuándo ni cómo. Era como si pretendiésemos una sola cosa: saquear todos los almacenes. Lo que no hicimos durante la guerra lo hacíamos ahora: nos movíamos con celeridad. En esos tres años logré amasar una cantidad considerable. Si la hubiese invertido bien, ahora tendría una gran fortuna.

Pero de pronto me abandonaron las fuerzas. Me pasaba días enteros durmiendo, despertándome y asomándome a la ventana. El vacío me llenó de pies a cabeza. Si no hubiese sido por las pesadillas seguramente no me habría movido. Las pesadillas eran la fuerza oculta que me empujaba de un lugar a otro. Me subía a un tren, recorría dos o tres estaciones y cambiaba de hotel. Las habitaciones de hotel no me dejaban dormir en paz. En un hotel el sueño es ligero o terroríficamente profundo. A Bella no volví a verla. Tenía miedo de su mutismo. Me parecía que estaba atrapada por una especie de locura. Preferí arrastrarme por las estaciones, cambiar de hotel y no volver a verla.

En una pensión me encontré con un superviviente, un hombre alto y con una elegancia antigua que me dijo: "Me resultas familiar, camarada". Cuando le dije mi apellido, sus labios se desplegaron en una sonrisa. Por su sonrisa también yo supe qué tenía algo que ver conmigo. Inmediatamente después, en la bulliciosa cantina, me confesó que se disponía a ir al sur para organizar las células destruidas.

–¿Quién queda con vida? –pregunté asustado.

–Pocos, pero leales.

La palabra "leales" se solía pronunciar entre los grupos clandestinos con los que se relacionaba mi padre. "Es leal", decía mi padre, y eso significaba que aquel hombre era un comunista convencido, que había participado en actividades públicas y también clandestinas, que había estado en la cárcel e incluso allí había demostrado su intachable fidelidad. Mi padre era un comunista convencido y dedicó su vida a organizar asambleas, huelgas y largos viajes. Casi nunca estaba en casa. Mi madre, llevada por la amargura, empezó a darle a la botella. En más de una ocasión me la encontré sentada en el sillón hablando consigo misma. Trabajaba de secretaria en una pequeña fábrica textil y así sacaba adelante la casa. Mi padre llegaba como un vendaval y luego desaparecía. Su vida en común no era feliz.

Evidentemente Rollmann conocía bien a mi padre. También él había sido uno de los principales organizadores del partido. Los comunistas judíos tenían rasgos característicos. Sus voces contenidas mostraban una gran fuerza de voluntad y siempre llevaban cazadoras de cuero. Otra señal: la mayoría eran calvos.

Aquella tarde habló apasionadamente sobre la obligación de volver a levantar las ruinas, adoptar huérfanos, expulsar a los fantasmas, aplacar los miedos e implantar en el corazón de los hombres la fe en una vida mejor. Más tarde cambió su visión utópica y dijo en tono tajante:

–Hemos recibido la orden de hacer volver a los supervivientes al este. Palestina es una quimera y una tragedia.

–¿Cómo vais a hacer eso?

–Con la canción. Debemos conquistar las filas con la canción.

Desde pequeño conocía la fuerza que tiene la canción sobre las masas. Mi padre me llevaba a las asambleas de los trabajadores y allí cantaban canciones populares, himnos y fragmentos de óperas. Más tarde mi padre abandonó el partido y se fue a los barrios rutenos, allí no cantaban en las asambleas sino que pronunciaban discursos con voces aterradoras. Mi padre decía que los rutenos eran personas buenas y capaces corrompidas por la explotación, pero que cuando les quitaran el yugo del cuello también ellos serían ingenieros y médicos.

Al día siguiente salimos en el tren de la mañana hacia donde estaban los refugiados. Era una larga playa llena de personas y barracones. Rollmann encontró enseguida un espacio vacío, algunas lonas de tiendas de campaña y cajas. El que siempre ha sido comunista sabe preparar los escenarios.

Esa misma noche apareció. Cantó en voz baja, como hablando consigo mismo. La multitud de refugiados, con velas encendidas en las manos, rodeó el pequeño escenario y le respondía con el estribillo. Poco a poco la canción empezó a sonar como una oración.

Tras el acto, uno de los supervivientes le lanzó unas duras palabras. "Yo no te perdono", gritó, "recuerdo tu discurso en Lvov. No se debe perdonar a los comunistas. Hay que colgarlos a todos".

La cara de Rollmann se contrajo, se quedó parado con la cabeza gacha. El hombre no dejaba de despotricar y recordar a los comisarios políticos que conquistaron a los jóvenes con promesas vanas, entristecieron a los padres ancianos y con huelgas llevaron a la ruina a las pequeñas fábricas de los judíos.

También al día siguiente la aparición de Rollmann fue impresionante. Cantó canciones populares y canciones alabando el trabajo, y canciones que traían a la memoria oraciones antiguas. Nadie molestó. Tras su intervención hubo un gran silencio. En ese momento me acordé de mi madre. También ella era una comunista convencida. Me contaron que tomó parte en el asesinato del general Porotzky, el jefe de los servicios secretos, quien perseguía a los comunistas sin piedad. Los años, la soledad y la amargura la apartaron de la actividad cotidiana y se fue encerrando en sí misma.

Luego empezó a hacer calor y los estados de ánimo en la playa fermentaban. Los gendarmes italianos detenían a la gente y confiscaban las mercancías. Hombres de pequeña estatura corrían tras ellos para sobornarles. La vida en la playa transcurría de forma vertiginosa. Quien podía golpear, golpeaba. Nadie decía basta o silencio. Y había allí una mujer, alta y con el pelo suelto, que después de cada intervención de Rollmann le cogía de las manos y decía en yiddish lituano: "Nos has devuelto nuestra casa, camarada". Pero no todos estaban de acuerdo con ella. Había personas amargadas que alzaban los brazos y gritaban: "Comunistas a la horca, muerte a los bandidos".

Las amenazas no amedrentaron a Rollmann. El aire húmedo a veces ahogaba su voz, pero no dejó de hacer sus apariciones. Uno de los enclenques refugiados le suplicó: "¿Por qué no te vas hacia el sur? Allí los supervivientes son más tranquilos. Aquí hay violencia y mucho odio". Era evidente que aquel hombre tenía miedo por él y quería salvarle de los vengativos. Rollmann no hizo caso de esas súplicas. Los comunistas veteranos están acostumbrados a las ofensas. Les gustan las penalidades. Las penalidades fortalecen la voluntad y forjan la capacidad de resistencia.

Después de la intervención volvía a la tienda de campaña, se tomaba cinco o seis vasos de té y se dormía. La mayor parte de la mañana la pasaba durmiendo. Su dormir, al igual que su existencia, era una mezcla de pragmatismo y secreto. Cuando cantaba, su rostro se llenaba de emoción, como si fuera un antiguo cantor sinagogal, pero en la tienda de campaña, junto a las cajas, parecía un artesano que conocía la escasez. Comía con moderación. Durante el tiempo que estuve con él me reveló muchas cosas, entre ellas algo que mi padre me había ocultado: la muerte del tío Mosés. El tío Mosés era el hermano pequeño de mi padre, comunista convencido y presidente de la Diputación provincial. En los terribles días de la persecución fue asesinado en su escondite. Yo sabía que su muerte no había sido normal, pero era la primera vez que oía hablar de asesinato.

Una tarde, mientras todos estaban ocupados bailando en la explanada o vendiendo sándwiches y limonada en la improvisada cantina, mientras todos hablaban de mil cosas, uno de los supervivientes se acercó a Rollmann y le dijo: "Los comunistas judíos han engañado a los jóvenes judíos, les han apartado a la fuerza de sus pobres padres, los han instalado en sucias viviendas y al final los han enviado a Rusia, directamente a las fauces del león. No los perdonaremos, no tienen perdón ni en este mundo ni en el otro". Lo dijo de carrerilla, como si se lo hubiese aprendido de memoria, y al final, sin previo aviso, sacó una pistola del bolsillo de su abrigo y le disparó a Rollmann a la cabeza.

El estupor fue general y nadie se movió de su sitio. Al cabo de unos instantes el terror se apoderó de todos. Rollmann estaba tendido en un charco de sangre. El asesino, un judío bajo, delgado y con una visera, estaba junto a su víctima murmurando: "Los comunistas han destruido al pueblo judío".

–¿Por qué lo has matado? –gritó uno de los supervivientes.

–¿Y aún lo preguntas? –contestó el asesino con frialdad.

Después llegaron los guardias italianos y le pusieron las esposas. El asesino caminaba sin decir una palabra y con cierta emoción en la cara.

Justo después del asesinato de Rollmann subí al tren y huí hacia el norte. El intenso dolor llegó con retraso, a muchos kilómetros del lugar de la herida. Soy un animal de tren. Siempre que el látigo cae sobre mi espalda, me subo a un tren y escapo. Sólo el vagón, el traqueteo rítmico, es capaz de aliviar mi dolor y adormecerme.

Qué haría yo sin ese ritmo turbador. Es cierto, una copa y unos cigarros pueden ahuyentar por un instante el temor de mi corazón, pero es sólo un alivio pasajero. Sólo el tren, sólo él, es capaz de aturdirme completamente.

Tras el asesinato de Rollmann viajé durante muchos días. En un momento de debilidad me dispuse a apearme en Prachthof, pero al levantarme y tocar la maleta apareció ante mí el rostro mudo de Bella. No sabía si ya estaba casada. De todas formas, no bajé. Cerré los ojos y no volví a abrirlos hasta que sentí el fluir de las ruedas debajo de mí.

A partir de entonces los días pasaron sobre los raíles con cierta celeridad, como si no fueran días sino ocasos. Era un sueño denso, con frecuencia perturbado de noche por martillazos. Odio a esos inspectores despiertos que golpean las ruedas y siembran en la noche sonidos desagradables. Si no fuera por esos inspectores negros, si no fuera por sus sonidos de hielo, yo sería otra persona.

En ese largo viaje se trazó mi vida. Aprendí a vivir alejado de la gente, con desconfianza. Confieso que no confío en todos aquellos que están fuera del tren. Siento rechazo hacia ellos. Con el paso de los años he encontrado algunos amigos que me son fieles y me esperan, algunas mujeres, los hoteles normalmente se portan bien conmigo. Y hay algunos albergues cuyo silencio he aprendido a respetar, y a veces una ventana me sonríe.

V

¿Cuando llegué por primera vez a Herben? Es de suponer que estaba cansado, mareado y atormentado por las pesadillas nocturnas. Recuerdo que no esperaba encontrarme nada en esa estación vacía y mísera, pero ocurrió un milagro. Precisamente ese lugar me obsequió con dos regalos: el taxista Marcelo, que desde entonces espera mi llegada cada año, y la bañera perfecta en la casa de huéspedes de Herben Alto.

Cuando el tren se detiene, Marcelo sale de su taxi y corre a mi encuentro, coge mi maleta y me hace sentar a su lado. Ese encuentro, que se produce una vez al año, el cinco de abril a las tres y media, siempre me conmueve. Ese italiano exiliado, en cuya compañía permanezco una hora o dos, me produce sin darse cuenta una sensación hogareña olvidada. Es como si volviera a mi ciudad natal. Nos sentamos en la cantina, intercambiamos impresiones y comemos unos sándwiches. El lugar no es elegante, la música es estridente, pero la compañía es agradable y el café fuerte y bueno.

Lleva años luchando con su ex mujer, que le está exprimiendo a fondo. Conozco cada detalle de la historia. No ha experimentado ningún cambio con el paso de los años. El juicio se ha pospuesto una y otra vez y, cuando se celebra, debe interrumpirse porque los testigos no han comparecido, y a pesar de todo es como si Marcelo me contase noticias sensacionales. Marcelo, por su parte, recuerda todo lo que le he contado. Tampoco yo tengo grandes novedades, pero se alegra de cada detalle y espera que algún día me una a él y fundemos juntos una empresa de taxis.

Después vamos a Herben Alto, donde, en la modesta casa de huéspedes, me espera la bañera perfecta. La dueña, una anciana cariñosa, una francesa de Alsacia con buen gusto en el vestir, me informa al instante de que mi habitación está lista. Debo decir que no es una habitación especial, pero la bañera me devolvió la vida en una ocasión. Nunca lo olvidaré.

Llegué a Herben unos meses después del asesinato de Rollmann. Tras su muerte tenía miedo de todo el mundo, incluso de mí mismo. El tren me llevaba, aunque no a la velocidad deseada. Al final me quedé en Herben. Marcelo dijo: "Tienen una bañera que le gustará", ¿cómo conocía mis latentes deseos? Tenía la seguridad de que se estaba burlando de mí. No pasó ni una hora cuando descubrí que decía la verdad: la bañera no era grande ni suntuosa. Tenía los bordes cubiertos de baldosines azules, no era redondeada ni su tacto suave, pero sorprendentemente armonizaba con el tamaño de mi cuerpo. Se le pueden sacar muchos defectos, pero para mí es un refugio. Cuando me metí en ella por primera vez mis ojos brillaron y, desde entonces, cada año me renuevo en ella.

En Herben vi por primera vez desde que me separé de mi madre el largo y oscuro túnel que me había protegido durante tantos años. En tiempos de guerra la gente no piensa, casi no siente dolor, y durante muchos días después de la guerra las heridas tampoco se perciben. Se vive al día.

Sólo después del baño en Herben sentí el tiempo en mi cuerpo. No fue alegría sino algo parecido al alivio que sigue a una larga enfermedad. La memoria, que estaba adormecida en mis miembros, despertó y vi los bosques de Watra Dorna, adonde me llevó mi madre cuando tenía cinco años. Paseamos y cogimos setas de debajo de los altos árboles. Era otoño y el sol estaba bajo e iluminaba el bosque con una luz dorada.

En Herben recobré la memoria y desde entonces no ha dejado de manar. No sabía lo que estaba oculto en mi interior. Tenía quince años cuando me separé de mi padre y de mi madre y estaba seguro de que mi vida en territorio eslavo había llegado a su fin y de que, desde ese instante, vagaría de un lugar a otro: en Italia sería italiano, y si me dirigía hacia Austria, allí me sentiría como en casa. Mi madre me transmitió la lengua alemana con todos sus matices, poesía y prosa. Su lealtad a la lengua alemana no era menor que su lealtad al comunismo. Por las noches, antes de dormir, me leía poemas de Heine. Es posible que no entendiera nada, pero los sonidos fluían hacia mis oídos con suavidad. Entonces me separaba del mundo insomne y me deslizaba hacia un sueño profundo. Incluso en los malos tiempos, cuando ya estaba entregada a sombríos estados de ánimo y se servía una copa tras otra, cogía un libro y leía como quien se prepara para los días venideros.

Se iba matando día a día en su habitación y yo no lo sabía.

–¿Por qué no me has comprado un paquete de tabaco? –me decía de repente.

–No me lo has dicho, mamá –contestaba asustado.

–Perdona. Por favor, ¿podrías comprarme uno? –decía, entregándome un billete.

Tenía miedo de dejarla sola. Sus ojos me decían, tienes que acostumbrarte a vivir sin mí. Yo debo irme a otro lugar. ¿Dónde está ese lugar al que te vas?, volvían a preguntarle mis ojos. ¿Qué importa eso?, decía sin precisar nada más.

Durante su último año de vida dejó de leer y dejó de leerme también a mí. Su amiga Mina iba a verla una vez a la semana y se sentaban junto a la ventana. Yo no entendía de lo que hablaban, tal vez porque estaban mucho rato en silencio. Mina era su amiga de la juventud y le era fiel. Otras amigas se habían alejado de ella porque era comunista y por el rumor de que había participado en el asesinato del jefe de los servicios secretos. Sobre ese asesinato no me habló nunca.

Todo eso volvió a mí de pronto en Herben Alto. Tras la muerte de Rollmann mi cuerpo se fue encogiendo como en la época de la guerra. Cambiaba de tren continuamente, reduje mis estancias en hoteles y vivía de mis ahorros. Estaba seguro de que, cuando se me terminasen los dólares que llevaba cosidos al abrigo, se acabaría mi vida.

En Herben me quedo sólo un día. Hace años llegué a Herben muy cansado y quise permanecer un día más. Me equivoqué, y no volveré a repetir ese error. Durante horas mi memoria desvarió en mi cabeza como si quisiese ahogarme. Imágenes olvidadas de mi infancia lejana aparecieron ante mí como un mar de hielo. Desde entonces no me excedo, me quedo un solo día en Herben, ni uno más.

VI

Ayer cumplí cincuenta y cinco años. Pasé el día solo entre Hofbaden y Salzstein. En ese trayecto el tren estaba vacío. A cambio de tres marcos, el camarero puso la emisora de música clásica y me senté solo en la cafetería mientras las sonatas de Brahms inundaban mi cuerpo. Antes los años pasaban casi espontáneamente. El día que cumplí los cincuenta sentí de pronto un pinchazo en el pecho y al instante lo supe: eran los años acumulados en mí. Desde entonces los cuento. Sé que esa cuenta carece de sentido y que es mejor evitar llevarla, pero qué le voy a hacer, el treinta de abril un pinchazo en el pecho me recuerda que ha pasado otro año y vuelvo a estar donde estaba, que las distancias que he recorrido no han producido ningún milagro y que si no ocurre ninguna desgracia dentro de un año estaré en el mismo tren. No me quejo. He aprendido a valorar las cosas pequeñas que me esperan en el camino, y hay días en que salgo del tren ebrio de visiones e imágenes, entro en un hotel y me duermo como tras un día de mucha actividad.

En Salzstein soy un visitante querido. El dueño de la cantina de la estación, Gisy, un judío que renegó de su religión, se alegra de verme. Tenemos un secreto que nos une sin necesidad de palabras. Una vez me susurró al oído una palabra en nuestra lengua y desde entonces somos amigos, diría que amigos del alma.

Me prepara dos sándwiches y sopa de verduras y me cuenta las bagatelas del año. Dos de mis rivales ocultos estuvieron tomando café en su cantina. Al parecer también estaban cansados. Uno de ellos había decidido emigrar a América. En lo más recóndito de mi corazón espero que algún día dejen el negocio y me permitan descansar. Es cierto que su conspiración es encubierta y puede que no pretendan hacerme daño, pero el hecho de pensar que algunas personas parecidas a mí van de un lado a otro igual que yo me saca de mis casillas.

Gisy, por su parte, ha conseguido hacer lo que yo no he logrado nunca: cambiar. Parece austriaco en todo, incluso en el pelo. Al parecer fue gracias a su mujer, con la que vivió algunos años. Ahora también ellos viven separados y mantienen una lucha encarnizada por los bienes. Esa lucha es toda su vida durante los últimos años. Por supuesto, ella no hace ascos, como se suele decir, a usar los medios que sean necesarios. Cuando se separaron, le reveló a todo el mundo la verdadera identidad de Gisy y, desde entonces, conspiran contra él, pero él se mantiene firme en esa batalla y no cede, e incluso responde con una guerra sin cuartel.

Es extraño, pero una hora o dos en su compañía me devuelven las ganas de vivir. Tal vez sea por su honestidad.

—Renegué de mi fe —me contó una vez— porque quería a mi mujer y ella me salvó durante la guerra.

Estuve seis años yendo con ella a la iglesia y al séptimo ya no pude más. Sentía que me temblaban las piernas. Le pedí que quitásemos los crucifijos de casa, pero se negó. Desde entonces duermo en la cantina. Tengo una cama plegable y duermo allí. Se lo he dejado todo, pero ella también quiere este lugar que he construido con mis propias manos. Estas tablas son mías y las voy a proteger con mi vida.

–¿No tienes miedo de los vándalos?

–No me dan miedo –dijo, haciendo un gesto punzante que me estremeció.

A pesar del poco tiempo que paso en su compañía, los fuertes rasgos de su cara permanecen en mi mente. A veces me cuesta comprenderle. En una ocasión me dijo: "Me vi obligado a convertirme al cristianismo, pero ahora ya no tengo por qué seguir con eso. Ha llegado el momento de vivir sin maquillaje, de mirar directamente a los ojos de los vivos y de los muertos". Estuve a punto de preguntarle a qué se refería, pero no lo hice. Ya he aprendido que las respuestas no llegan rápidamente.

Desde allí me alejo hacia Salzstein Alto, un pequeño pueblo oculto por bosques donde, en una pequeña cabaña alejada de las miradas, vive el camarada Stark. Llegó justo después de la guerra, compró la cabaña por unos céntimos, la arregló y desde entonces no se ha movido de allí. Pero no hay que preocuparse, no está desconectado del mundo. Desde allí manda sus artículos, sus declaraciones y sus críticas, y mantiene contacto con los compañeros, con los supervivientes que están dispuestos a restaurar el movimiento.

Antes del cataclismo, Stark era un conocido secretario del movimiento, pero desde el final de la guerra es el líder y el conserje, él escribe las cartas y él las envía. Los pocos que quedan dispersos se reúnen allí para conmemorar los aniversarios, honrar la memoria de los muertos y tomar juntos una copa. En su momento se dijo que Stark iría encabezando una delegación a la Unión Soviética para lograr un reconocimiento y una subvención, pero por alguna razón el asunto no se llevó a cabo. Sin embargo, ese hecho no menoscabó su lealtad. El 1 de Mayo se reúnen aquí los desplazados, no más de diez, algunos llegan en tren y otros andando, y reviven todo lo que ha dejado de existir.

Stark ha envejecido en los últimos años, pero el 1 de Mayo se toma dos o tres copas, se arma de valor y sale a luchar con los fantasmas y la melancolía. Antes hablaba mucho del futuro, de los cambios y las conquistas. Ahora ya no habla del futuro sino del esplendor del pasado, de los auténticos líderes que se sacrificaron por unos ideales.

En la cabaña de Stark me encontré hace años con Yaakov Kron, el amigo de juventud de mi padre, juntos pasaron bastantes años en las comisarías y en las cárceles. Me contó que los rutenos eligieron por unanimidad a mi padre para que fuese su secretario y condujese sus huelgas, pero en el último momento alguien recordó que mi padre era judío y que no era conveniente que un judío dirigiese a los rutenos. Pero mi padre no perdió la fe, no volvió con su pueblo, a la calle judía, sino que siguió siendo leal a los rutenos, hablando a su favor y organizando sus grandes asambleas, intrigando contra la policía y haciendo su servicio con esfuerzo y abnegación. Kron también conocía bien a mi madre, la llamaba revolucionaria en cuerpo y alma, alguien que había hecho por la revolución más que cualquier otro camarada. Por supuesto se refería a ese famoso asesinato en el que mi madre había tomado parte.

Dos días en compañía de Stark me devuelven sin darme cuenta una vida plena y me sumerjo en ella como en un sueño embriagador. No son tiempos fáciles. Stark debe aplacar los ánimos, argumentar y persuadir, y, cuando la fe prende en él, su rostro se transforma, su estatura aumenta y la juventud vuelve a aflorar a sus ojos.

Antes Mina amenizaba las noches con canciones populares y durante horas encendía la memoria. En los últimos años no se la ha vuelto a ver. Hace unos cinco años se casó con un italiano y se fue a vivir a un pueblo perdido. Al parecer el pueblo no le proporcionó tranquilidad. Soñaba con tierra y sencillez y encontró embriaguez y holgazanería. Al principio intentó luchar contra las atrofiadas costumbres, pero enseguida comprendió que el pueblo italiano estaba profundamente arraigado en su tradición y que la delegación del partido no era más que una taberna donde los hombres se reunían para pasar la noche, que las conferencias y las discusiones no interesaban y que quien no estaba dispuesto a aceptarlo era expulsado. Y eso es lo que le pasó a ella. Desde entonces va de un sitio a otro renegando de sus camaradas. En un momento dado, Stark hizo grandes esfuerzos por recuperarla, pero no sirvieron de nada. Se convirtió en una de las sombras de las estaciones ferroviarias, escapando siempre que un ojo se encontraba con ella. Allí la recuerdan con afecto, como a alguien que ha abandonado este mundo. Hace un año, Stark proclamó: "Me dice el corazón que el año que viene Mina volverá con nosotros. Sus melodías me faltan como el aire para respirar".

El último año no fue nadie a verle. Incluso los pocos que seguían siendo leales dejaron de mandarle el dinero de la suscripción a la revista. Pero Stark no se quedó sin hacer nada, y además de las cartas de reproche que envió a sus allegados, preparó algunos folletos para cuando llegasen tiempos mejores. Ahora está trabajando en su gran obra, *La guerra contra la melancolía*. Cree que ese libro sacará a las personas de sus escondrijos. La melancolía es una serpiente contra la que hay que luchar a muerte.

Yo sé de lo que está hablando. Lo siento en mis carnes. Cuando la melancolía me atrapa no puedo moverme ni siquiera un metro. Una vez, en una pequeña estación, me atrapó mientras dormía y por la mañana no podía deshacerme de ella. Si no hubiera sido por la dueña del local, una italiana vieja y devota, me hubiese quedado clavado allí quién sabe cuánto tiempo. Desde entonces estoy precavido. Desde el momento que siento próximos sus tentáculos, saco mi botella e inicio una guerra sin cuartel. Stark ha recopilado mucho material de fuentes antiguas y nuevas sobre esa angustia y ahora le está dando forma. Espero su libro con impaciencia.

Pasé dos días con Stark. Un tiempo hablando y otro en silencio. El segundo día, al ver que estaba haciendo la maleta, levantó la vista hacia mí.

–¿Adónde vas? –dijo. Su mirada reflejaba tanta pena que parecía haber vuelto a descubrir en mí a su hijo perdido.

–Tengo obligaciones –dije, para no dejarme llevar por los sentimientos.

–¿A qué te dedicas ahora? –preguntó en voz baja.

–Estoy siguiendo los pasos del asesino Nachtigal –dije con una voz que no parecía mía.

–Es un gran deber al que tienes que consagrarte con todas tus fuerzas –me habló como tal vez lo hizo en su momento con sus subordinados.

Todos los años era igual, pero en esa ocasión la despedida adquirió un tono duro. Iba a decir que tenía una importante misión que cumplir, una misión de honor que me exigía una entrega especial, pero flojeé. Ahora es demasiado tarde.

Le di un billete de cincuenta dólares.

–Es por el alojamiento.

–Es demasiado –dijo.

–Este año he ganado dinero de sobra.

–¿Y qué pasará los próximos años? –preguntó con voz paternal.

Su mirada me envolvió por un instante en silencio. Vi cómo sus anchos hombros se iban cayendo y la pesadumbre palidecía su frente. ¿Por qué no podemos rezar?, estuve a punto de decir, pero enseguida comprendí lo absurdo que era. Me acompañó un buen trecho, y supe que esa era la última vez que estábamos juntos y que si nos volvíamos a ver no sería ya en este mundo.

VII

El camino desde Salzstein hacia el norte lo hago en un tren ómnibus. En esa época hay mucho trabajo en el campo y pocos viajeros. El tren es todo mío y me atrinchero junto a la ventanilla. Durante los primeros años después de la guerra, personas llegadas de todas partes se congregaban en la cabaña de Stark. No más de diez. Extendían mantas junto a las paredes y cantaban con Mina durante toda la noche. Stark se ponía en pie e infundía fe. Aunque eran bastante descreídos y sarcásticos, no eran capaces de apagar ese fuego.

Pensar que también esa modesta reunión se dejaría de celebrar y que, en los años siguientes, también yo pasaría por Salzstein, como paso por otras estaciones anónimas, me atemoriza. En Salzstein se abrían ante mí las puertas del recuerdo de mi padre y de mi madre, y entraba sin molestar en las oficinas del partido, en los despachos de los secretarios y sobre todo en las cárceles, donde los camaradas purificaban sus ideales y aprendían a entregarse en cuerpo y alma. Ahora también yo he abandonado a Stark. Está solo en su cabaña, envía cartas airadas y él mismo se ha apartado de los pocos que sentían afecto por él.

Según avanza el tren voy sintiendo la quemadura en mi cuerpo. Al principio la cabaña de Stark era una morada fascinante llena de alegría interior, pero en los últimos años cada palabra hiere y cada gesto lacera. El dolor, como siempre, llega con retraso, en un lugar inesperado. Después de Salzstein me cuesta trabajo volver a dormirme. Permanezco despierto, es una vigilia diáfana que me lleva de un sitio a otro. Antes me detenía en el pequeño Lenzen, me tomaba varias copas y continuaba, pero en los últimos años Lenzen ya no es lo que era. La estación está muy deteriorada y la cantina parece una cueva oscura. Prefiero seguir en el tren a estar en un lugar descuidado. Una estación descuidada me desanima, y luego me cuesta recuperarme.

Si duermo mal y las pesadillas continúan molestándome, me detengo un día o dos en Grünfeld. Es un pueblo pequeño con una lechería y una pensión. La pensión no es lujosa pero sorprendentemente es capaz de acallar las pesadillas. Mis pesadillas, si me está permitido hablar de ellas, no son pasajeras, manan constantemente y sólo determinados lugares y alimentos son capaces de detener su flujo.

En Grünfeld me sirven sopa de verduras, pan negro y productos lácteos frescos, y eso me saca milagrosamente del fango. He comprendido que los productos lácteos frescos son mejor que cualquier medicina, pero no se encuentran nada más que allí. Los quesos que compro en las tiendas de los pueblos no son frescos. Un queso que no es fresco, al igual que el pan revenido, me quita el apetito y durante días no pruebo más que café.

Podría quedarme más, pero las gentes no son agradables. Desde que han descubierto que soy judío se comportan conmigo con manifiesta frialdad, pero a mí no me importa, es preferible un poco de desprecio a una continua pesadilla.

Una vez me encontré allí con un anciano que se jactaba delante de mí de que su abuela paterna era judía. Esa mancha le impidió ser aceptado en la academia militar. Durante la guerra lo enviaron al frente oriental, de donde volvió mutilado. Hablaba de la mancha igual que de su mutilación, sin rencor. Trabajaba en la lechería y cuando se sentaba en el banco sus ojos azules brillaban con pena sincera. Me agradaba su compañía, su mutismo, la forma en que cortaba el pan. Ese desconocido, que no me apreciaba especialmente, me producía cierta seguridad. En un momento dado le conté que estar en casa de Stark me apesadumbraba y no podía dormir. No contestó nada, sólo me miró como diciendo, te comprendo, pero no hay que censurar al que actúa bajo presión. Le agradezco su mirada. Una mirada a veces vale más que una palabra. Una mirada puede hacer que reacciones. Hace tres años falleció. Desde entonces para mí Grünfeld ya no es lo que era. No me quedo más de un día, o paso de largo.

Desde Grünfeld sigo hacia el norte. Es una tierra de bosques y lagos que me recuerda mi oculta ciudad natal. Si tengo algún apego a esa tierra es por mi olvidada ciudad natal, o mejor dicho, por esa casa pequeña y descuidada en la calle Seibenbürger adonde volvía para visitar a mi madre. A veces creo que todos mis viajes se dirigen hacia allí.

Mi madre hablaba poco, pero lo poco que salía de su boca me llenaba el corazón. A veces la moderación abandonaba sus ojos y en su mirada se instalaba cierta aspereza. Entonces aún no conocía todos los avatares de su vida, pero mi sentido común me decía que debía permanecer a su lado. Se sentaba en un rincón de la habitación encerrada en sí misma.

–Mamá.

–¿Qué?

–¿Por qué no hablas?

–¿Qué?

Así sonaban a menudo las palabras en la oscura habitación. Había días que me daba miedo su silencio, entonces abría la puerta y me sentaba en el umbral. La luz llenaba el pasillo y los pájaros venían a picotear de mi mano granos de trigo. En invierno me acercaba a la ventana y seguía con la mirada los esquíes que se deslizaban por las montañas nevadas, eran tan ligeros que parecían transportados sobre las olas del viento. Por las noches ella me tapaba con dos mantas azules. A veces salía de su interior un torrente de cariño y me abrazaba con ternura. Tampoco entonces hablaba mucho, y lo poco que salía de su boca me sonaba forzado, como si se liberase a sí misma de su prisión.

Después se encerraba aún más, su rostro se contraía y un temblor involuntario recorría sus labios. A veces la encontraba echada hacia atrás, apoyada sobre los brazos, sujetando su delgado cuerpo como si tuviese miedo de derrumbarse, y con los hombros contraídos como quien intenta empequeñecer a toda costa.

Sin darme cuenta, por aquella época pasé a estar a cargo de mi padre. Me arrastraba de reunión en reunión y de asamblea en asamblea. Estaba completamente inmerso en la importante tarea de liberar a los rutenos, y yo era un accesorio de sus muchas actividades. En más de una ocasión me dejó olvidado en un banco y me quedé dormido allí. Por la noche me llevaba a hombros a la cabaña donde pernoctaba. Así aprendí la lengua rutena. Mi padre me alejó de su padre y de su madre para que aprendiese las costumbres y la forma de vida de los rutenos. Creía que su forma de vida era acertada y plena y que, de no ser por los terratenientes y los comerciantes judíos, estaría en completa armonía con la naturaleza.

A los seis años hablaba ruteno como un ruteno. Mi padre estaba orgulloso de eso. Detestaba el idioma de los judíos, decía que olía a tienda de ultramarinos y sonaba como el crujido de los billetes. Tampoco le gustaba hablar alemán. Decía que en Czernowitz los comerciantes judíos hablaban un alemán balbuciente y que pretendían adornarse con plumas prestadas. A veces nos alejábamos a las montañas, a las remotas filiales del partido, que normalmente estaban instaladas en corrales abandonados o en cuadras apestosas. Allí cambiaba el aspecto de mi padre. Parecía un hacendado repartiendo gratificaciones por todas partes. Los rutenos sencillos lo querían y le ofrecían cuencos con requesón y queso de oveja. A veces me olvidaba en alguna cabaña o me dejaba abandonado por despiste. Me pasaba horas mirando las luces del atardecer y el paso lento de los animales que volvían de pastar. Si hay una imagen fija en mi corazón es la del pueblo ruteno por la tarde. Por la noche mi padre se acordaba de mí y gritaba: "¡Erwin, Erwin!".

A los seis años volví con mi madre. Durante el año que estuve sin verla había cambiado mucho. Sus vestidos parecían haberse alargado y oscurecido. Su cara estaba esquelética y las articulaciones de sus dedos más anchas. Me miró un instante y dijo:

–¿Te acuerdas de mí?

–Mamá –corrí hacia ella.

A pesar de todo, la relación ya no era como antes. El colegio estaba lejos de casa y mi madre me acompañaba todas las mañanas hasta el edificio de ladrillo. No heredé el coraje de mis padres. Los niños rutenos de la clase me atemorizaban. En más de una ocasión me quedaba junto a la pared temblando de miedo.

–¿De qué tienes miedo, cariño? –me decía mi madre con dulzura.

–Ellos me dan miedo.

–No te van a hacer nada. Son niños igual que tú.

Durante el año que no estuve con ella, su rostro se crispó por completo y casi no salía de casa. A veces alguna de sus amigas iba a verla y permanecía con ella en silencio. Por la noche mi madre se tomaba varias copas y por un momento la luz tornaba a su rostro.

Al cabo de un año volví a estar a cargo de mi padre. Mi madre me acompañó hasta la puerta y, sin cruzar una palabra con él, me dejó a su cargo.

VIII

El tren avanza y ahora está cerca del pequeño pueblo de Grünwald. Antes me apeaba y permanecía allí un día o dos. En el pueblo vive una pareja de supervivientes judíos que no tiene hijos. Los descubrí unos años después de la guerra, y desde entonces me alojaba siempre en su casa. Eran amables y admitían huéspedes, tenían una larga galería cerrada donde instalaban a los viajeros. Por las tardes nos sentábamos junto a la larga mesa y tomábamos té. Llevaban en su interior el dolor de los campos en silencio, sin palabras superfluas ni retórica. Él tenía unos cuarenta años y ella era algo más joven. Por su carácter tranquilo la gente iba a su casa, se quedaba un día o dos y se marchaba. Tenían una tienda de ultramarinos y una sección de menaje del hogar. Él se llama Mark y ella Rosa. Una tarde, cuando les dije cómo me llamaba, palidecieron y dejaron de hablar. Ese mutismo repentino y afilado me sacó de mis casillas, entonces me puse a hablar enfervorizado, con palabras que no eran mías, de mi padre y de mi madre, de que toda su vida habían sufrido por los demás. Mis palabras no les convencieron. Era evidente que mi apellido les había escocido.

Por la noche hice la maleta y sin decir ni una palabra me fui a la estación. En la estación vacía estaban tumbados dos borrachos que maquinaron contra mí y me ladraron como perros. Pude haberles pegado, pero, por principio, yo no pego a las personas. Y ahora, cuando el tren se detiene en Grünwald, me quedo en mi sitio. Desde la ventanilla puedo ver la tienda ampliada y los clientes al lado del mostrador y de la caja. Seguro que me han olvidado, pero yo no olvidaré las tardes que pasé en su casa. También ellos han quedado grabados en mí.

Ahora el tren sube hacia los espesos bosques de Grünwald. Ni siquiera en el mes de mayo la luz penetra en ellos. El tren entra en el túnel verde y el olor del musgo me devuelve a casa. En esta ocasión al sótano donde mi abuelo guardaba la leche. Cuando estaba a cargo de mi madre, me enviaba en verano en un carro a su pueblo natal, con sus padres. Ella no volvió nunca allí. Era un pueblo pequeño, cubierto de árboles altos, y la casa baja del abuelo parecía de lejos una especie de cabaña pobre y olvidada en el corazón del bosque. Por supuesto era sólo una apariencia. En la casa había dos habitaciones grandes y una caseta adosada donde el abuelo se pasaba la mayor parte del día con sus libros. Era el rabino de los pueblos de la zona y al atardecer una muchedumbre se aglomeraba a su puerta. Eran judíos altos, barbudos, con la fusta siempre en la mano y sus largas ropas oliendo a caballo. Las mujeres, también altas y fuertes, se sentaban en carretas cubiertas y amamantaban. Los niños debajo de los carros me parecían hijos de gitanos, tal vez porque correteaban descalzos.

Llegaban al atardecer. Los resoplidos de los caballos y los sonidos de las campanas rompían de pronto el silencio. Primero bajaban los hombres, permanecían un instante aturdidos y enseguida se dirigían hacia la puerta de la casa. Junto a la puerta parecían más torpes. Mi abuela hablaba con ellos en voz baja y volvían a los carros.

Durante horas observaba yo esa espera que continuaba hasta el anochecer. Veía a las mujeres arrodillarse y sollozar junto a los carros llenos de paja. A veces mi abuelo salía de su caseta y consolaba a los que sollozaban. Mi abuela era una mujer baja, introvertida, de movimientos cortos y rápidos. Su relación con la gente era tranquila y sin aspavientos. A veces ofrecía vasos de té a los que esperaban. Por la noche, los que aguardaban al rabino dejaban en el patio sacos de harina, hortalizas y botellas de aceite. Si su espera se prolongaba, mi abuelo salía al día siguiente de su caseta y les reprendía. Un rabino no es un terrateniente y sólo come lo necesario, se debe dar a los pobres, a los desdichados y a los enfermos, y hay muchos así por los pueblos. En ese momento mi abuelo parecía un profeta antiguo. Pero al parecer no les era de mucha utilidad a los desafortunados.

Los comisarios políticos del movimiento comunista de la región fascinaban a los jóvenes, les sacaban con artimañas de sus casas y luego los llevaban a los campos de entrenamiento. Los que destacaban, y eran muchos, eran enviados a la Unión Soviética. No servían de nada las súplicas, las oraciones ni la intercesión del anciano rabino. Huían de sus casas y no volvían. "¿Qué pecado hemos cometido?", decían alzando los brazos por la noche en el patio. Mi abuelo se quedaba en la puerta callado como una tumba.

Durante esos luminosos y largos veranos aprendí la oración de la mañana, de la tarde y del crepúsculo. Mi abuela las repetía conmigo. Se sabía las oraciones de memoria. A veces de tanto repetir me quedaba dormido en el porche. Mi abuelo casi no hablaba conmigo. Era evidente que no sabía hablar a los niños.

Mi madre, al acabar el verano, no preguntaba cómo me había ido o qué había dicho el abuelo. Yo mismo no sabía lo que me había producido el bosque. Por la noche volvía a ver a esos hombres altos que se aglomeraban a la puerta de la casa. Había cierta impotencia en su aspecto robusto. Antes de ponerse en camino esperaban que el rabino les dijera algo, pero como no lo hacía, se quedaban marcando el paso como caballos atados. Mi abuelo, atendiendo a su turbación, salía de su caseta y decía alzando la voz: "La oración y la caridad acabarán con la fatalidad. Acercaos a los desdichados y dadles parte de los productos de temporada". Al instante se subían a los carros, lanzaban los látigos contra el lomo de los caballos y eran tragados por la oscuridad.

Cuando mi padre se enteró de mis visitas a casa del abuelo, de que iba a un sitio impropio de mi edad, dijo: "¿Por qué has ido allí?", pero enseguida se dio cuenta de que no era culpa mía, y culpó a mi madre de descuidar mi educación.

Cuando estaba a cargo de mi padre no iba al colegio. Mi padre no confiaba en la educación burguesa. Decía: "La educación burguesa corrompe la sensibilidad natural, es mejor para un niño estar cerca de los trabajadores, de ellos aprenderá lo que es la vida".

Casi todos los meses que estaba con mi padre me los pasaba en los trenes, en tercera clase, por supuesto, con todos los desdichados e infelices, atravesando pueblos, arroyos y bosques. Él amaba profundamente la esencia rutena y pronunciaba cada palabra en esa lengua como degustándola, como probando un pastel de miel. A los rutenos les impresionaba su acento, pero por supuesto adivinaban que no era de los suyos. En las filiales del partido mi padre gozaba de gran renombre. Era el presidente de todas las reuniones. Yo era un testigo mudo de todo lo que se tramaba en esas restringidas reuniones. Allí se planificaban los boicoteos y los incendios, y sobre todo se conspiraba contra los empresarios judíos que pagaban poco y tarde a sus operarios.

La vida en los establos, cerca de los animales, era mágica para mí. Quería mantenerme despierto y escuchar todas las palabras nuevas que se pronunciaban en esas reuniones, pero los intensos olores me golpeaban las narices, me encogía y me quedaba dormido.

Cuando yo tenía siete años, mi padre pasó a la clandestinidad y desde entonces, durante mucho tiempo, no vio la luz del día. Vivíamos en grutas, cuevas, casas abandonadas y graneros a las afueras de los pueblos. Durante esa época no conversaba mucho conmigo. Estaba tan entregado al trabajo que se olvidó de mi existencia. En lugares secretos organizaba las grandes huelgas, los incendios, las manifestaciones y todo lo demás. Entonces comprendí lo mucho que había aumentado su animadversión hacia los empresarios judíos. Consideraba las tiendas judías como el origen del mal y, sin dudarlo, ordenaba prenderles fuego. Entre los camaradas de la resistencia había varios judíos, pero se asemejaban a los rutenos, hablaban su idioma y hacían sus mismos gestos y, al igual que mi padre, odiaban a los comerciantes. Por esos años conocí el olor de la tierra y el aroma de la cebada y el maíz. Cada rincón era un lecho en donde acurrucarse. A veces mi padre se despertaba en mitad de la noche y preguntaba: "¿Dónde estás?, ¿no tienes frío?". Yo sabía que se trataba de una pesadilla.

Cuando le perseguían de forma implacable, me dejaba con algún campesino, como se deja a un animal dócil al que no hay que atar las patas. El campesino se iba por la mañana al campo y yo me quedaba en el patio. Por la tarde, cuando preguntaba: "¿Dónde está papá?", el campesino alzaba la cabeza, me clavaba una mirada de disgusto y decía: "¿Cómo lo voy a saber?". Cuando aparecía en mitad de la noche, mi alegría era infinita.

A veces se despertaba y decía: "Tienes que ir al colegio. Todo el mundo va al colegio". Eran unas palabras anticuadas que salían de su boca por error. Su opinión sobre el tema estaba muy clara: el colegio burgués destruye la mente y es mejor alejarse de él.

Le seguí durante meses. No hubo pueblo en la región que no volviéramos a visitar. Más tarde comprendí que el terreno en donde nos ocultábamos no era más que una pequeña y perdida extensión de tierra rodeada de pantanos y casi deshabitada. Ese trajín me hacía olvidar la cara de mi madre y la casa pobre y austera que teníamos en la ciudad. Cuando por fin volví a su lado, me lanzó una mirada llena de congoja.

–Cariño, ¿dónde has estado? –preguntó.

–Por los pueblos.

–¿Y no has ido al colegio?

–No.

Mi madre inclinó la cabeza. Sentí que mi transformación la hacía sufrir, pero no dijo nada, parecía haber comprendido que lo hecho, hecho estaba. Me negué a ir al colegio. En los viajes con mi padre me había acostumbrado a los lugares oscuros, y de pronto la luz me daba miedo. Esperaba la llegada de mi padre, pero él, por alguna razón, se avergonzaba de volver. Mi vida se fue reduciendo a sentarme en el patio o junto a la ventana. Mi madre intentaba en vano hablar conmigo. Las palabras que salían de su boca me resultaban extrañas y artificiales. Una vez le dije: "¿Por qué no hablas ucraniano?". Al oír mi queja inclinó la cabeza, como si esas palabras hubiesen vuelto a abrir una vieja herida.

IX

Después de tres horas a gran velocidad el tren se detiene en Pracht. Es un pequeño pueblo sobre una loma y rodeado de árboles. Lo descubrí al comienzo de mis viajes, y desde entonces nunca paso de largo. Por aquella época la úlcera me molestaba mucho y debía detenerme incluso en estaciones perdidas. En Pracht encontré una pensión sencilla pero arreglada, si puede describirse así, con mucho esmero: una cama amplia, una bañera y una ventana que da a los pastizales. Sólo en Pracht dejo de ir a la carrera, cierro los ojos y me sumo en un profundo sueño. La dueña, la señora Groton, es una mujer alta y señorial cuya presencia apenas se siente, sus delicados pasos son absorbidos fácilmente por las alfombras rústicas. Si no fuera por los temores, que me hacen ir de un lugar a otro, me quedaría allí. Allí me olvido de mis pies, mi cansancio desaparece y me duermo profundamente sin soñar. Los sueños han sido desde siempre mis enemigos. Hay sueños que me atrapan con tal fuerza que no me queda más remedio que levantarme a mitad de la noche y huir. Un banco en un parque es mejor que las pesadillas multicolores. En Pracht los sueños caen de mí, como la costra de una herida cicatrizada, y puedo dormir. Tras dos días seguidos durmiendo, mi cabeza se desprende de todas las imágenes y permanezco en el patio, vacío como después de una larga enfermedad.

La señora Groton me prepara el desayuno en el porche. Si llueve, me siento en el comedor. Hablamos poco, pero ella también me comprende sin necesidad de palabras. Sus movimientos son pausados y silenciosos. Y cuando estoy en el patio y la veo junto al pozo lavando o tendiendo la ropa, comprendo que la vida no es sólo una malvada celeridad. Señora Groton, tengo ganas de llamarla por su nombre, ¿cuál es el secreto que guarda en su interior? Por supuesto, ahogo mi voz y sigo sus lentos movimientos como intentando descifrar una escritura misteriosa.

En Pracht planeo los pasos a seguir. Desde allí intento ir tras el rastro de Nachtigal, el asesino de mis padres. No me cabe duda de que se encuentra en la región. Varias veces he estado cerca, pero ha conseguido escapar con astucia. Es de suponer que vive cómodamente en una pequeña casa encalada, rodeada de césped y arriates de rosas. Sé que, en definitiva, no era más que un vil asesino, los archi-asesinos viven aquí sin que nadie los moleste. Pero me he jurado que no descansaré hasta encontrarle. Pensar que lo puedo conseguir, que algún día daré con él, me tranquiliza, y me preparo para la prueba, espero superarla.

Hace unos años, la señora Groton me contó por casualidad que alguien llamado Nachtigal se había hospedado en su casa durante una semana. Un hombre de unos sesenta años, taciturno, que estaba casi todo el día repasando sus papeles y parecía un agente de una firma conocida. La última noche se emborrachó y le confesó que durante la guerra había estado en el este y se había dedicado a cazar judíos. Por las impresiones de la señora Groton, y por lo que yo recuerdo, no había duda de que se trataba del asesino Nachtigal. Si hubiese tenido la posibilidad de cerrar herméticamente la zona lo habría atrapado, pero en este espacio verde, tranquilo e indiferente era difícil hasta encontrar una casa con una dirección exacta.

No he perdido la esperanza. Al contrario, mi deseo de encontrarle ha aumentado en los últimos años, y si no fuera por mi tendencia a dormir hasta tarde, los temores infundados y las pesadillas turbadoras, ya lo habría hecho. Sin embargo, no todo está perdido. Tengo algunos compañeros que le están siguiendo y también ellos están convencidos de que pronto llegará el día en que demos con él. Desde que le dije a la señora Groton que soy judío, me mira con buenos ojos, me prepara para desayunar unas tostadas crujientes y un café delicioso, y de postre tarta de queso.

Nació en Praga, de joven trabajó en la secretaría de la universidad y allí conoció a muchos estudiantes judíos. Ahora, cuando los recuerda, una joven sonrisa ilumina su rostro. Al igual que yo, odia a los austriacos y los teme. Si fuera más joven volvería a su ciudad natal. Yo le prometo que, cuando sea aniquilado el asesino, iré con ella a Praga. Así hacemos planes juntos.

Pero entretanto han pasado los años, una lenta vejez ha ido cayendo sobre la señora Groton y también sobre mí, y Nachtigal, que estuvo al alcance de mi mano, ya no vaga solo por la zona. Por las tardes, la señora Groton me habla de los días de su juventud. En su época, los judíos eran una aristocracia sin título en Praga. Su primer novio era judío, un chico alto y atractivo que escribía poemas y se los leía. Cuando sus padres se enteraron, le prohibieron verle, pero el joven se arriesgó y fue a pedirles su autorización. Le dieron con la puerta en las narices. Por aquella época ella era joven y no se atrevió a rebelarse contra sus padres. Al final se casó con un austriaco y se trasladó a Austria.

El silencio de su casa calma un poco mis nervios. A veces me imagino que mis últimos años los pasaré aquí, entre los altos árboles que proyectan su oscura sombra sobre la tierra, y que aquí reuniré también a todas las personas queridas. No olvidaré tampoco a las mujeres que me otorgaron sus favores. Algo de ellas permanece latente en mi interior, incluso de la mujer a la que pagué por una noche de placer queda algo guardado en mí. Y por las noches, cuando los trenes están vacíos y un viento negro sopla por las rendijas, me acurruco en el abrigo, pienso en esas mujeres y me uno a ellas.

Hace un año, la señora Groton me sorprendió con estas palabras:

—Nadie sabe cuándo le llegará su hora. Quiero darte algo muy valioso para mí.

—¿Por qué? —pregunté turbado.

—Porque sólo contigo estará seguro.

Entonces sacó del bolsillo de su abrigo el objeto y lo dejo sobre la mesa. Era una fina mezuzá decorada con grafía hebrea.

—Es un objeto sagrado —dije aturdido.

—Te confesaré una cosa que no le he contado a nadie —dijo inclinando la cabeza—: mi abuela materna era judía y renegó de su religión. Antes de morir le dio esto a mi madre, y mi madre, antes de morir, me lo dio a mí. Ahora ha llegado el momento de entregártelo a ti. Tú eres judío.

—No un judío creyente —quise aclararlo al instante.

—A pesar de todo está bien que lo tengas tú. Este talismán me daba tranquilidad.

—¿Cómo?

—No lo sé. Pero este último año ha comenzado a pesarme. Señal de que mi vida se acerca a su fin. ¿No crees?

—¿Cómo podré guardar este objeto tan valioso?, no tengo casa y siempre estoy yendo de un lado a otro.

—Y a quién se lo dejo —dijo con una mezcla de enojo y mandato.

Sabía que no podía negarme a sus deseos. En ese momento parecía alguien que había hecho lo que debía y no se arrepentía de sus errores. Estuve a punto de decir, sólo en tu casa he dormido sin soñar, y ahora ¿dónde reposará mi cuerpo? Quise pagarle, pero se negó.

—Si guardas este talismán, ése será mi pago.

Me pareció que me estaba encomendando una misión secreta y quise excusarme, pero cuando vi su rostro sincero no tuve valor.

Me iba a quedar otro día en la pensión, pero la emoción me hizo desistir. Antes de irme me besó en la frente y me deseó una larga vida. Su rostro era claro, su mirada limpia, no se movía con dificultad, y a pesar de todo sentí un nudo en la garganta y huí.

Ahora ha pasado un año y vuelvo a estar en la estación de Pracht. Las piernas no me sujetan. Tengo miedo de preguntar qué ha pasado y cuándo ha pasado. Ese miedo me paraliza, me siento en la descuidada estación, me tomo una copa tras otra y espero a que me recoja el próximo tren.

X

En adelante sólo marcha el expreso, hay mucha distancia entre una estación y otra, me hundo en los mullidos asientos y sé que ésta es mi casa, que no tengo otra. Debo confesar que también hay varias sorpresas agradables en tanto trajín: una sombra familiar, un olor repentino y, a veces, una melodía que te arrastra como con hilos mágicos hacia la infancia. Si la suerte me sonríe, me encuentro en ese trayecto con uno de mis contrincantes. Por un momento intenta escabullirse de mí, pero no cedo y al final le atrapo en un rincón oscuro. Evidentemente me he equivocado. No está compitiendo conmigo, sino todo lo contrario, también está siguiendo los pasos de Nachtigal. Lleva años esperándolo. Es cierto que el último año se ha sentido cansado y ha dormido mucho, y en un momento de angustia se dirigió al consulado australiano y pidió el visado. Ahora se arrepiente. No se puede romper una promesa, y mucho menos un juramento. Le hablo de mis descubrimientos y de mis compañeros, que le están siguiendo a escondidas. Es evidente que algunos de ellos también son compañeros suyos. Por ejemplo, conoce a la señora Groton y, al igual que yo, la adora y le encanta su humilde pensión. Nos tomamos una copa, nos acaloramos y recordamos.

Su ruta no es la misma que la mía, pero a veces llega casualmente a esta región. Ha permanecido durante unos años en Weinberg, pero ahora no puede soportar las expresiones antisemitas y prefiere vivir lejos de las estaciones. Mencionamos a Stark, por supuesto. Al oír su nombre hace una mueca y dice: "No aguanto a los comunistas judíos, su fervor me recuerda un fervor de otro tipo, el de quienes primero tratan de enmendarse a sí mismos y luego al mundo". ¿Pero por qué lo magnificamos tanto?, ellos no existen, tan sólo son sombras, tan sólo son fantasmas. Tenemos una misión en la vida: debemos encontrar al asesino. Cuando lo encontremos, podremos emigrar en paz a Australia.

Por cierto, hace unos años me encontré en ese expreso con el sobrino de Rollmann: ¡qué gran parecido con su tío! Se dirigía a Francia. Tenía veintisiete años y todos los rasgos del comunista judío estaban ya marcados en su rostro: el brillo de los ojos, la determinación y el secreto. Quise retenerle un instante, pero no me prestó atención. No pude contenerme y grité:

–Conocía bien a tu tío Rollmann. Estuve con él en sus últimas horas. ¿Adónde vas?

–A París.

–¿Y dejas esta región?

–Aquí todo es absurdo y desolador. En Francia hay verdadera acción.

–¿Por qué no nos tomamos una copa en la cafetería?

–Tengo prisa. Esta noche es la reunión del Comité en París. Lo siento.

Ese rápido encuentro con el sobrino de Rollmann me hizo recordar de nuevo su rostro y su muerte. Los comunistas judíos siguen siéndolo hasta la muerte. Primero en la clandestinidad y luego en la cárcel. Y en la Unión Soviética no los mataban hasta que confesaban. Mi padre defendía apasionadamente todo lo que se hacía allí. Si un camarada protestaba contra la dirección del partido, era llamado ante el Comité, y allí confesaba y pedía perdón por sus errores. Mi madre no hablaba mucho, pero su rostro taciturno decía, no renegaremos de nuestra fe en un mundo mejor.

Desde que abandoné a Stark, su rostro no se ha apartado de mí. Sus ojos me gritan desde lejos, vuelve a mí, somos una pequeña familia dispersa y debemos cuidarnos los unos a los otros. Hice todo lo que estaba en mi mano, ahora ya no puedo más, pero mi fe en un mundo mejor sigue intacta. Sacrificamos el presente por el futuro, y yo dejo el mundo sin resentimiento. Dentro de varias generaciones nos recordarán y dirán: el comunismo judío era el verdadero comunismo. Todos se entregaban en cuerpo y alma, hasta el final. Le oigo hablar así. Y por las noches, cuando la oscuridad se va haciendo más densa, veo con claridad su rostro bien formado, y el sentimiento de culpa por haberle abandonado me hace encogerme en mi rincón.

El expreso se detiene en Sternberg. Hay estaciones que me hacen correr directamente a la cantina, y en otras me apeo como si no fueran estaciones, sino lugares cubiertos de luz donde hay que dirigirse rápidamente a los andenes. Sternberg es una estación intermedia, rodeada de almacenes y con una agradable cantina al fondo. En esa cantina descubrí hace más de veinte años a mi amada Berta. Era una mujer alta y guapa que trabajaba en la caja. Al principio intentó evitar mi mirada, pero eso sólo confirmó mis sospechas: era de los nuestros. Le conté algunos de mis secretos, y ella me habló de sí misma. Aprendí a amar su cuerpo y a respetar su silencio. Había un episodio oscuro en su vida que no se atrevía a tocar, pero de lo demás hablaba con libertad, incluso con alegría. Sus movimientos eran ágiles, no como los de quien ha estado en los campos. Al principio me atemorizaban, pero con los años aprendí a respetarlos. Conozco los límites de la entrega, y no pido más. Alguien como nosotros, unido a muchas personas vivas y muertas, no le pide al prójimo demasiada entrega. Con esa convicción le propuse hace años matrimonio. Tenía treinta y cinco, estaba cansado de los trenes y mi cuerpo necesitaba un lecho permanente. Berta me miró con los ojos muy abiertos, como diciendo: ¿por qué vamos a imponernos ese yugo?, tú debes andar por los caminos y para mí es indispensable la soledad. La honestidad de su mirada me asombró. Desde entonces nos vemos una vez al año, a finales de mayo, más concretamente desde el veintitrés hasta finales de mes. Como todos, ha envejecido un poco, pero los hermosos rasgos de su cara no se han marchitado. Su amplia sonrisa parece decir: no permitiré que la melancolía me domine.

Si me hubiese acompañado en mis viajes me habría resultado más llevadero. A fin de cuentas, un tren nocturno no es más que un tren melancólico. Podíamos habernos divertido juntos en las estaciones. Es cierto que tenía obligaciones en las que no podía mezclar a Berta, y asuntos que requerían discreción. Sin embargo, eso era distinto. Intenté convencerla, pero sin éxito. Hace un año me sorprendió diciéndome:

–He decidido volver a mi ciudad natal, a Zaleszczyki.

–¿En qué estás pensando? –me alarmé.

–Debo intentarlo –dijo, sin muestras de alegría.

–Allí no hay judíos, sólo ucranianos y polacos.

A lo largo de los años me había insinuado varias veces que estaba pensando volver a su ciudad natal, hablaba de nostalgia y obligaciones, pero yo lo consideraba una locura pasajera y, en una ocasión la reprendí: "Nadie vuelve a una ciudad que es un cementerio. El dolor que una persona puede aguantar tiene un límite."

Durante toda la noche intenté convencerla de que no era el momento oportuno, de que el viaje era peligroso y era mejor posponerlo para otra ocasión, incluso le prometí que vendería algunas joyas e iría con ella. Por un momento creí que esas palabras la habían impresionado. Me ofreció un café y galletas, y me habló de bagatelas, entre otras cosas de un vagabundo que aparecía por la cantina, un judío de Galitzia. Por la mañana se cubría con el talit y rezaba. Yo no sabía que tan sólo hablaba para distraer la atención. El terrible trazado ya estaba listo en su cabeza.

A pesar de todo, volví a intentar persuadirla de que no hiciera ese viaje. Hablé de los compromisos que teníamos aquí, de las personas que nos necesitaban, como Stark y Mina, y de la obligación de encontrar a los asesinos y matarlos. Mientras estuviesen vivos, nuestra vida no sería vida. Y como siempre, se mezclaron las palabras superfluas con las palabras de verdad. Ahora sé que debería haberla acompañado, pero entonces, por alguna razón, estaba seguro de que mi vida en la región tenía un objetivo. Tenía la secreta esperanza de que al día siguiente hubiese cambiado de idea. Aún no sabía lo profundo que era el abismo.

Al día siguiente en la estación, mientras cada uno esperaba un tren distinto, me quedé sin palabras. Berta me habló como se habla a un hermano pequeño que sufre y ha perdido el rumbo. Había una intensa luz en sus ojos, como cuando se deja de temer a la muerte.

En primavera me enteré de que mi Berta había llegado a Zaleszczyki, había alquilado una habitación a una campesina y se pasaba casi todo el día sentada en la ribera del río. Por el momento no tenía intención de volver. Me lo contó un comerciante judío que fue a Zaleszczyki para visitar las tumbas de sus antepasados. Al preguntarle si estaba contenta, me contestó con una voz grave que me sobresaltó: "Muy contenta".

Ahora Sternberg ya no es Sternberg para mí, sino una especie de espacio en llamas en donde no se puede permanecer mucho tiempo. Pero, a pesar de todo, me acerqué a la cantina y le pregunté al dueño:

–¿Qué sabéis de Berta?

–Nada –fue su respuesta.

Me senté en el banco en donde nos sentábamos antes o después de cada viaje. Desde que me abandonó, mis ataduras a este mundo se han aflojado aún más.

XI

Desde Sternberg hacia el norte el viaje transcurre por aguas frías. El rostro de Berta no se aparta de mí. Pensar que está casi todo el día en la ribera del río, absorbiendo el agua con los ojos y sin cruzar una palabra con nadie, ese pensamiento, o mejor dicho, esa imagen se va cubriendo de un tono azul, azul frío, y me trae a la memoria filas de gente callada con pesados bultos a la espalda. Debería dejar esta ruta, ir a verla y quitarle esa fantasía de la cabeza. Es mejor deambular conmigo que hundirse allí. Digo "debería", pero todo me retiene, todo es incierto, desde hace años no salgo de este círculo, y ahora que el tren ya no puede acercarme a ella, la añoro más.

Hace un año, nada más separarme de Berta, me encontré en este trayecto con una mujer alta que era su vivo retrato. Estaba sentada enfrente de mí leyendo un libro. Enseguida me sentí unido a ella. No me equivoqué, era uno de los nuestros. Cuando me dirigí a ella, hizo un extraño gesto de rechazo. Era sorda. Yo no evito a las personas sordas. Tengo una buena amiga que vive cerca de aquí y está completamente sorda.

Le escribí en un papel, en mi idioma materno, mi nombre y el de mi ciudad. Ella me contestó al instante, con una caligrafía clara: "Somos vecinos, me llamo Rosa Tag y soy de Stroznic". Si no hubiese sido por su minusvalía, habríamos tenido una larga conversación. Una conversación en un tren a veces es mejor que un coñac. En una ocasión estuve con mi padre en un establo cerca de Stroznic, pero no llegué a entrar en la ciudad.

—¿Dónde estuvo durante la guerra? —seguí escribiendo.

—En Siberia —contestó.

Enseguida comprendí: era de buena familia. Cuando los rusos nos invadieron en los años cuarenta, deportaron a los ricos a Siberia. Casi todos enfermaron y fallecieron allí, y los que lograron sobrevivir volvieron lisiados a causa del frío. Me gustan las mujeres sordas, pero me cuesta abrazarlas. Por alguna razón, me parecen como niñas, indefensas.

Le escribí el nombre de Berta y contestó: "No recuerdo". Yo observaba su rostro. He aprendido que la observación es una especie de interiorización. Cuando observo, todo mi ser se despierta como al escuchar buena música.

A pesar de todo, no pude contenerme y le confesé que se parecía mucho a mi amiga Berta, que había vuelto a su ciudad natal, Zaleszczyki. Su respuesta me impresionó:

—Mi madre nació en Zaleszczyki.

—Ahora estamos unidos el uno al otro, y no por casualidad —le escribí.

—Si tuviera dinero, también yo volvería —respondió.

–No hay que dejarse arrastrar por falsas ilusiones –la reprendí–. Las ilusiones son más peligrosas que el coñac. Hay que hacer el bien, sin pedir cuentas ni esperar recompensa alguna.

Las palabras que había escrito me estremecieron y quise retractarme. Odio la retórica. Enseguida recordé que esas eran las palabras que mi padre me solía decir. Hace años tenía quejas de él. Ahora la relación con él es tranquila, y en los andenes cada vez veo a más gente que se le parece.

El tren se detuvo en Gründorf. Le besé la mano como se hacía antes. Ahora siento no haberle preguntado dónde vivía. Debería haberla invitado a comer en la cafetería. No se deja a una mujer sin un bonito gesto.

Para mí Gründorf es un cruce de caminos. Cada vez que llego allí me lleno de ganas de vivir, tal vez sea por mi confidente, la señora Braun, una mujer alta y fuerte que se mueve como alguien acosado. Su nerviosismo me llamó la atención desde el primer momento, y le pregunté como un idiota:

–¿De dónde le vienen estos movimientos tan rápidos?

–De mi padre –dijo.

–¿Y quién era su padre?

–Un judío –murmuró–. Mi madre no.

Desde entonces somos amigos. Su marido es un lugareño que trabaja en los bosques, y ella lleva la cantina. Sólo le he visto una vez. La expresión de su cara es contenida y tensa como la de alguien que va a fustigar a un animal indomable. Una vez ella me confesó que bebía demasiado.

Cuando está de buen humor me habla de los días de la guerra, de cómo vivía en un barracón junto al aserradero, iba escrupulosamente a la iglesia y se pasaba las noches rezando a los iconos. Tenía miedo de los delatores, y aún los sigue temiendo. En la zona existe un gran odio hacia los judíos, y aunque no haya ni uno solo, todos hablan de ellos como si estuviesen ahí.

Hace años, en un momento de complicidad, le confesé que estaba siguiendo los pasos de Nachtigal y le pedí ayuda. Conocía bien la región y sabía quién había participado en la guerra y quién había estado en la retaguardia. Los sábados por la tarde y los domingos se reunían en su cantina gentes de todas partes, discutían, se emborrachaban y recordaban cosas de la guerra. A veces la señora Braun confirmaba mis sospechas de que un hombre llamado Nachtigal se encontraba en la zona y era uno de los asesinos. A cambio de la información le daba dinero o algún regalo. En una ocasión se confesó ante mí: "Aprecio mucho tus regalos, despiertan en mí el sentimiento judío". No la creí. Y últimamente he dejado de creer en las noticias que me da. En los últimos años, al igual que su marido, se ha dado a la bebida, y desde entonces delira, convierte las suposiciones en hechos, mezcla el pasado con el presente y me cuenta historias que no han ocurrido. Pero no puedo enfadarme con ella. En momentos de enardecimiento se atreve a reconocer que su lealtad a los judíos es absoluta y que, aunque es judía sólo a medias, se siente completamente judía, y me asegura que algún día dejará esta maldita región, subirá al expreso y se irá a Israel.

Yo sé que son fantasías, que cuando esté sobria se olvidará de ellas, sin embargo me agrada oírlas. Una vez, llevada por el entusiasmo, me dijo:

–¿Qué haces aquí? No te comprendo. Aquí todo está corrompido. Coge el primer tren y vete a Israel.

–¿Y quién matará a Nachtigal?

–Yo –dijo–, yo lo haré en tu lugar.

Cada vez que se menciona Israel, me embarga la pena. Me encantaría ir allí, armarme de valor y volver aquí fortalecido. Creo que un mes en Israel me convertiría en una persona abierta y enérgica, me enseñaría a alejarme de los trenes y a vivir en los bosques. En los bosques aprendería a concentrarme, a espiar en silencio y a no desesperar. Silencio es precisamente lo que más necesito, y eso no se obtiene en los trenes. El tren, a fin de cuentas, no es más que un manojo de nervios.

Esta vez, nada más verme en la puerta de la cantina, gritó: "Aquí está mi tesoro", y me ofreció sopa de verduras y una tortilla de queso, pues sabe que me gustan. Yo, por mi parte, le regalé un pañuelo de seda. Se alegró mucho y enseguida empezó a hablarme de la gente y a contarme chismes, y entre otras cosas me dio una auténtica noticia: Nachtigal ha comprado una casa en Weinberg y la está reformando.

–Has dejado de creerme –intentó provocarme–, pero no he olvidado mi misión. Estoy siempre alerta y haciendo preguntas.

–Gracias –dije.

–No me des las gracias. Le debo algo al pueblo judío, ¿no crees?

Así es la señora Braun. En los últimos años no es fácil confiar en ella, pero cuando está sobria, vuelve a sus ojos cierta honestidad y te das cuenta de que su mirada atesora un gran dolor. En una ocasión me dijo: "Mi padre estaba disgustado conmigo porque no me esforcé en terminar la enseñanza media. Fue algo que le apenó mucho, incluso en su lecho de dolor estaba preocupado por eso. La verdad es que sí me esforzaba, pero no podía concentrarme. Estaba embobada con los chicos y no hacía los deberes, al final no quedó más remedio que matricularme en formación profesional. Para mi padre fue una tragedia. Mi madre, por el contrario, no lo sintió demasiado. Si no quiere estudiar, ¿por qué obligarla? La formación profesional no es algo de lo que haya que avergonzarse. Mi padre no estaba de acuerdo con ella, pero no discutió. Ahora comprendo su disgusto. Era una persona introvertida y no nos hacía partícipe de sus miedos, ni a mí ni a mi madre".

La señora Braun se gana mi corazón fácilmente y le perdono todas las cosas absurdas que dice, así como el dinero que le he prestado y no me ha devuelto. Está claro que no es un ángel, pero tiene un brillo interior especial.

Al día siguiente fui al mercado. Ese mercado me recuerda mi ciudad natal y las noches claras de verano, que se prolongaban hasta tarde. También aquí las noches son claras, pero no les encuentro ningún sentido.

Hace unos doscientos años vivían judíos en este mísero pueblo. Su recuerdo se ha borrado, pero en el mercado encontré algunas alhajas judías que me impresionaron mucho, y desde entonces procuro no perdérmelo. A veces me quedo una o dos semanas por la zona para volver al mercado del martes. Este secreto no se lo he contado a la señora Braun. Temo que si se enterara del valor de los objetos, se adelantaría a comprarlos. No es tonta.

En ese mercado perdido he encontrado a lo largo de los años copas, palmatorias, candelabros de Januká e incluso un libro de oraciones antiguo. Cuando le enseñé el libro a Stark se emocionó tanto que al final se echó a llorar. Stark es una criatura muy especial, un tipo de persona que ya no se encuentra.

Es mi peculiar forma de ganarme la vida. Compro alhajas cuyo valor nadie sabe calcular y las vendo a personas entendidas. Este secreto lo guardo bajo siete llaves. Tengo hábiles contrincantes que a veces se me adelantan, pero normalmente soy el primero. En mi bolsa hay una lista de los mercados de la región, y esa lista marca mi vida. Por culpa de los mercados me destrozo los pies yendo a lugares lejanos, pero tiene su recompensa: no hay mayor alegría que encontrar un objeto antiguo.

Una vez Stark me dijo: "Es arte sagrado. No se deben dejar esos preciados objetos en manos de extraños, hay atesorados en ellos recuerdos maravillosos". Desde que me dijo aquello, esos lugares olvidados de Dios me atraen aún más. A veces mi corazón me atormenta, pues ese fervor me hace olvidar mi principal objetivo: el asesino.

XII

Conozco Gründorf y los pueblos de alrededor como la palma de mi mano. A veces permanezco allí hasta el otoño. En ocasiones me alejo hasta las montañas. Es verdad que no siempre encuentro lo que busco, los mercados normalmente son míseros y deprimentes, pero el paisaje en esa época compensa. Entre un pueblo y otro se encuentra todo lo que el alma de una persona necesita: cielo azul, prados floridos y árboles plantados a lo largo de los caminos. El silencio me envuelve y olvido la úlcera que me carcome, pero no el rostro de Berta. Ahora que se mortifica lejos, en la ribera del río, me siento atraído por ella con una fuerza irresistible.

Entre un pueblo y otro saco la botella de coñac y bebo para expulsar de mi interior los nubarrones y los destellos de terror. Sin coñac, las imágenes de Wirblbahn vuelven a mí, veo de nuevo el espanto de mi resurrección y la vida deja otra vez de tener sentido. Pero si la suerte me sonríe, encuentro tesoros dondequiera que voy. Hace siete años volví a la estación con dos mochilas repletas. Encontré de todo: palmatorias, dos candelabros de Januká, montones de copas y, lo más valioso de todo, libros. Un campesino me mostró una gran pila de libros viejos que estaban dentro de una vieja cuba. Enseguida me di cuenta de que eran tesoros de inestimable valor. Para no despertar sospechas, le compré también otros objetos.

Y realmente encontré un gran tesoro. Entre otras cosas había un libro de oraciones del siglo XVII: los márgenes estaban corroídos, pero la grafía era clara, el pergamino estaba bien conservado y en la cubierta había consejos médicos escritos con letra clara, así como la fecha de la muerte de varios familiares y garabatos, lo que significaba que algunos niños habían estudiado con ese libro. Mis conocimientos de lengua hebrea y aramea eran escasos, pero mis peculiares negocios me obligaron con los años a aprender. Al principio compraba y vendía sin saber de qué se trataba, hasta que el rabino Simmel, del que hablaré más tarde, me instruyó. Fue hace muchos años, cuando comencé mi búsqueda, o mejor dicho, cuando me perdí por los laberintos. Una vez, en un anticuario de un pueblo italiano, compré por casualidad una Hagadá ilustrada. Los dibujos estaban muy borrosos, pero las letras conservaban su colorido. Cuando se la enseñé al rabino Simmel, se echó las manos a la cabeza y exclamó: "Del siglo XIII".

Me pagó una cantidad razonable por la Hagadá y le prometí estudiar hebreo. Sólo cumplo en parte esa promesa. La maleta pesa mucho con el diccionario de Grozovsky, y por las noches estoy cansado. Es verdad que llevo en la maleta varios libros y a veces me intereso por ellos, pero sólo consigo estudiar de verdad con el rabino Simmel.

El tesoro que he mencionado incluía libros valiosos y raros: libros de cábala y de exégesis. Cuando los puse encima de la mesa, el rabino Simmel me abrazó y exclamó: "Son un tesoro, son un gran hallazgo. Escribiré a Gershom Scholem a Jerusalén y vendrá a visitarme".

No todos los años me sonríe la suerte. Hay años que me destrozo los pies yendo de un mercado a otro y no encuentro nada que merezca la pena. En los puestos se exponen libros de texto rotos y sucios, los almacenes están repletos de muebles carcomidos, y viejos caballos, destinados a la venta, permanecen hacinados junto a los establos mientras sus dueños, llevados por la desolación, los golpean sin piedad.

Entonces, sin escapatoria alguna, huyo hacia el agua, me siento al borde del lago y observo el vuelo bullicioso de las ocas salvajes. No siempre da resultado. Cuando la melancolía me atrapa en el campo, necesito aturdirme al instante. A veces, sin más remedio, me tomo una botella entera, me emborracho y me quedo hecho un guiñapo.

Tras siete u ocho horas durmiendo de un tirón, me despierto, abro los ojos y una especie de claridad se expande ante mí como un horizonte, entonces toda la región, sus colinas y sus valles, parece estar en la palma de mi mano y oigo una voz que me dice: "¿Por qué no vas a Jugendorf? Allí no hay mercado, pero en la plaza de la Diputación ponen objetos y libros a la venta. Ve allí". Esa voz nunca me ha fallado. Hace dos años encontré en Jugendorf un par de candelabros, no eran antiguos, pero su belleza me cautivó al instante.

Y así llevo años vagando. Mis contrincantes también se encuentran por la región, y a veces tropiezo con alguno de ellos. Sus hallazgos no son tan buenos como los míos. Se equivocan, y al final les veo desesperados, tumbados debajo de algún árbol.

Evidentemente cada vez hay menos alhajas, y es de suponer que dentro de unos años no se encontrará nada, pero no me preocupa. Mis hallazgos no sólo me sirven para ganarme la vida, también me mantienen en guardia. La sensación de llegar al lugar adecuado, descubrir y comprar me atrapa por completo. En ese frente soy un soldado de los pies a la cabeza. Con los años he aprendido a escucharme, a seguir mis instintos y a dejarme llevar por mis pies directamente al lugar del secreto. Es un arte que he desarrollado yo solo y cuyos resultados consiguen sorprenderme una y otra vez. Así he descubierto en sótanos húmedos objetos de Pésaj decorados con grafía hebrea, copas y candelabros. Y en mercados remotos, a primera vista alejados de toda civilización, he encontrado libros antiguos y manuscritos. El rabino Simmel me dijo una vez que llegaría un día en que se hablaría de mis hallazgos como se hace de la Genizá de El Cairo. Por supuesto, el entusiasmo le hizo exagerar, pero el deseo de ser el primero en descubrir algo me libera de mis tinieblas y, cuando lo encuentro, mi alegría no tiene límite.

Hace años el rabino Simmel me dijo que si esta zona se quedaba sin alhajas, sería conveniente que me dirigiera a otro territorio, a Alemania, por ejemplo. Espero que mi instinto para encontrar, adquirido con tanto esfuerzo, continúe también allí. Me doy cuenta de que la edad no es un inconveniente. Al contrario, ahora descubro escondites con mayor facilidad. De esta capacidad oculta no he hablado con nadie, ni siquiera con Berta. Sólo el rabino Simmel conoce el secreto.

Pero, al fin y al cabo, la oscuridad es mayor que la luz. Tal vez se pueda decir, más larga. Cuando la oscuridad cae sobre mí, me encuentro perdido y enfermo en este desierto verde. Y eso tiene una razón real: el olor de la vegetación en esa época, sobre todo el olor de las amapolas, me asfixia. Aparentemente no hay un aire mejor que el de Gründorf, y durante los primeros años que estuve aquí ni siquiera sabía lo que me lastimaba, pero ahora lo sé: es un olor sutil que desprenden las amapolas, un olor inodoro, un olor sin una fragancia definida y que afecta directamente al sistema nervioso. Antes intentaba huir rápidamente del lugar, pero me di cuenta de que una huida rápida no era la solución. Al contrario, la carrera acrecienta su efecto. Por tanto elijo las montañas, un lugar más allá de los vientos, sólo allí el olor disminuye. Me di cuenta de que todo salía de la misma madeja. En una estación sin amapolas tengo éxito. Mis sentidos no se embotan y, al ir a la par que mis pies, llego a los lugares a los que debo llegar.

Y a veces, cuando las tinieblas se reúnen, saco la pistola de la maleta y disparo todo el cargador al aire. La encontré en Wirblbahn justo después de la guerra. Si el destino me pone delante a Nachtigal, le dispararé en silencio, sin preguntas y sin rencor. Incluso en sueños me preparo para ese momento.

Después de los disparos me siento, limpio el arma y la observo largo rato. Presiento que me servirá en el momento oportuno. Por cierto, sólo le he contado a una persona que tengo un arma en mi poder. Una vez, en un momento extraño, Berta me dijo en tono preocupado: "¿Por qué no tienes una pistola? Vagas por los caminos y conviene que lleves un arma para defenderte". Estuve a punto de revelarle el secreto, pero me volví atrás.

Hace años, uno de los huéspedes tuvo una desagradable y violenta discusión con la señora Groton y amenazó con matar a Mutzi, su pequeño y querido perro, porque le había despertado por la noche. La señora Groton palideció, le pidió disculpas, le explicó atemorizada que Mutzi era un perro tranquilo y afable, pero que, debido a la herida de su pata, se despertaba y ladraba. La explicación no satisfizo al huésped, quien continuó hablando en el mismo tono y volvió a amenazarla. Cuando vi que se disponía a matar al pobre cachorro de la señora Groton, fui a mi habitación para coger la pistola y apuntarle con ella, pero afortunadamente cambió de opinión, pagó y se fue.

La pistola es uno de mis más preciados secretos. No tengo muchas ocasiones de cuidarla, sólo en esas montañas, donde no hay ni un alma, la desenfundo al atardecer, la desmonto, la limpio con un paño suave, engraso el delicado cañón y la devuelvo a su sitio.

XIII

Cuando la estación del año no me es propicia, me dirijo a las desiertas montañas de Graten. Normalmente hago el camino a pie, pero si llueve con fuerza alquilo un carro para subir. Cuando le hablé al rabino Simmel por primera vez de mis viajes a las montañas de Graten, me advirtió de que, por las noticias que tenía, allí nunca habían vivido judíos. Pero por alguna razón tiendo hacia allí. Me dejo llevar por mis pies. Nunca me han fallado. Ellos me revelaron el escondite de Stark, gracias a ellos descubrí los mejores mercados e incluso a mi querida Berta. Mis pensamientos son siempre complicados y mis sentimientos parecen a punto de estallar. Sólo en mis pies hay cierta sensatez.

Las montañas de Graten son altas, pero no escarpadas, ocupan una gran extensión y al final del verano reina allí un espeso silencio que me aturde por completo. Alquilo una habitación en casa de Gretchen y duermo. Cuando la conocí aún trabajaba en el campo, sus hijas casadas, aunque vivían lejos, la visitaban, se sentaban juntas en la calle y charlaban hasta bien entrada la noche. A veces también yo me unía a ellas. Ahora tiene ochenta años y su rostro está arrugado, pero cuando se pone el sombrero de paja y sale al huerto, sus años jóvenes vuelven a su cara y escarda los bancales con gran agilidad.

Por la tarde me sirve queso, ensalada de hortalizas del huerto y pan de pueblo recién hecho. Es una mujer sencilla que ha logrado pocas cosas, pero cuando habla de su huerto, de la vaca, que ya no da leche, del perro, que murió prematuramente, y de sus hijas, que ya no la visitan como antes, hay en sus palabras una sabiduría oculta, y sé que, a diferencia de mí, ha estado siempre cerca de las plantas y de los animales y se ha impregnado de su vitalidad. Y ahora, desde que ha envejecido, habla de su muerte con naturalidad, como si supiera cuándo le llegará la hora. Yo le hago preguntas porque me gusta oír su voz. En sus palabras no hay nada superfluo. Me cuenta lo que sabe por experiencia, sin pretensiones y sin fingimientos.

Hace un año, cuando le confesé que era judío, se sorprendió, pero no me agobió con preguntas. Esa misma tarde sentí que la noticia la había impresionado y, aunque continuó sirviéndome la comida con la misma diligencia, no volvió a sentarse a mi lado. Una tristeza que no conocía en ella se fue marcando en su rostro. Quería decirle, Gretchen, si mi presencia te molesta, buscaré otro lugar. No quiero perturbar tu vejez.

Al parecer comprendió mis intenciones y, en un momento dado, se dispuso a disculparse, sin embargo su reticencia fue más fuerte que ella. Sé que los judíos atemorizan, y ahora que ya no hay, su recuerdo provoca un escalofrío imperceptible. Una vez, en un tren nocturno, una prostituta me confesó que estaba dispuesta a acostarse con cualquier hombre en cualquier lugar, excepto con un judío. Los judíos enfriaban su pasión y después le costaba reponerse.

—¿Cómo sabes quién es judío? —me hice el inocente.

—Están circuncidados, ¿no lo sabías? —contestó, poniendo de manifiesto su necedad.

Hace un año, cuando me despedí de Gretchen, no me dijo adiós ni me acompañó hasta la puerta como de costumbre. Supe que no quería volver a verme.

Pero en la vida no sólo hay fracasos. Cuando estaba saliendo de su casa, vi como en un mal sueño a un anciano de corta estatura subiendo del valle. No podía creer lo que veían mis ojos y me acerqué a él, no había duda de que era judío.

—¿Qué hace aquí un judío? —las palabras me salieron de la boca.

—Vivo aquí —contestó tranquilamente.

Me explicó que vivía cerca, en una casa aislada, con su mujer y sus siete hijos. Más tarde me contó que habían sido trasladados allí durante la guerra y se habían salvado. Desde entonces no se habían movido del lugar. Tenían una pequeña tienda y una casa de huéspedes. Me di cuenta de que su fe latía en todos sus gestos, incluso en la forma de mirar a sus hijos. Su mujer era baja y delgada, y costaba creer que hubiera llevado en su vientre a siete hijos.

—¿Eres de familia ortodoxa? —pregunté.

—No.

Los judíos creyentes me dan miedo. Es muy fácil reconocerlos e identificarlos. En más de una ocasión, en estaciones de tren perdidas, he estado a punto de acercarme a alguno de ellos y susurrarle al oído: Tu aspecto te delata, ¿porqué llevas kipá?, ¿por qué? Pero ahora no sentía que aquel hombre estuviera en peligro. Sus gestos eran tranquilos y su rostro transmitía serenidad. Estaba rodeado por sus hijos y éstos le protegían. Le dije que una vez al año me hospedaba en casa de Gretchen y visitaba los alrededores. Me alegró que no preguntara a qué me dedicaba. Cuando me preguntan eso se me encoge el estómago. Su casa me recordó la de mi abuelo. También en casa de mi abuelo reinaba una paz absoluta. Al parece sólo una persona creyente conoce la paz.

–¿Cómo llegaste a ser creyente? –enseguida me arrepentí de haber invadido su intimidad.

Dirigió la vista hacia su mujer y ambos me miraron como diciendo, no podemos responder nada. Si dijéramos que sentimos que sólo así podríamos vivir después de los campos, no habríamos dicho nada, y si añadiéramos que sentimos que este lugar nos fue entregado para cuidarlo durante un tiempo, no se comprendería.

Más tarde me contó que tenía pensado vender lo que pudiera y emigrar a Jerusalén al año siguiente. La época de soledad estaba llegando a su fin y era el momento de unirse a la comunidad de Israel. Esas palabras me resultaban conocidas y comprendía su significado, pero un muro me separaba de ellas, era como si en aquella calma hubiesen adquirido un sentido distinto.

Entonces me dijo que un año antes unos vándalos habían rociado la casa con gasolina y se disponían a prenderle fuego, y que si no hubiera sido por los valientes perros que se lanzaron sobre ellos, la casa hubiera ardido.

–Necesitan una pistola –dije.

Estuvimos hablando hasta muy tarde. Habían estado en los mismos campos de trabajo que yo, habían trabajado en los mismos "pozos", pero recordaban más cosas, no sólo se acordaban de Stark y de Mina, también de mi Berta. Y cuando les conté que Berta había vuelto a su ciudad natal, no se sorprendieron, me dijeron que hablaba de sus padres con mucha nostalgia. La calidez hogareña puso de pronto de manifiesto mi desarraigo en este mundo. Era como si lo hubiese perdido todo, incluso mis escasos recuerdos.

Aquella noche no dormí. Me irritaba que Gretchen, cuyo comportamiento admiraba y sigo admirando, hubiese renegado de mí como si me hubiese descubierto una tara imperdonable. Es cierto que no hizo ningún comentario ofensivo, pero todo su ser decía, hay algo en ti que no es como es debido. Tal vez no sea culpa tuya, sin embargo, es difícil soportar la presencia de alguien que tiene una fea tara marcada. Me pareció que sus ojos azules habían cambiado de color y se habían vuelto metálicos por mi culpa, para poder echarme de su vida, una vida que se acercaba a su fin.

XIV

En el tren que partió de Gründorf hacia el norte me enteré de la muerte de Stark. Uno de mis contrincantes se acercó a mí y me lo contó. "No", grité, sin saber lo que decía. Era un hombre bajo, de expresión cansada, que a veces me seguía e incluso le había llegado a ver en las montañas de Greten. Su presencia me molestaba, y en más de una ocasión estuve a punto de advertirle que no me persiguiera y no conspirara. Ahora estaba ante mí como un hermano reprendido.

–¿Cuándo te has enterado? –pregunté, y al instante sentí que mi mundo se había venido abajo.

–Tenía por costumbre acudir a visitarlo cada año a finales de julio –respondió de forma algo ceremoniosa, como si fuera un empleado del servicio de pompas fúnebres. De cerca tenía un aspecto aterrador: el olor de los campos de concentración aún estaba pegado a su ropa.

–Era como mi padre –dije poniéndome en pie–. Estuve con él hace tan sólo dos meses y medio.

–Estaba solo –hizo un gesto extraño.

–Todos le queríamos –dije.

–Sólo unos pocos iban a verle estos últimos años; no dejaba de despotricar.

–¿Y quién fue al funeral?

–Ninguno de nosotros. Las monjas lo encontraron muerto y lo enterraron en el terreno del convento.

–¿Y dónde están los libros?, ¿dónde están los manuscritos? –mis palabras no fueron pertinentes.

–Fui unos días después del entierro, la casa estaba abierta y no había nada dentro. La madre superiora me contó que la Diputación se la había regalado y tenían intención de reformarla.

–¿Y qué ha pasado con los manuscritos?

–Hicieron limpieza y al parecer lo quemaron todo.

Si el tren se hubiese detenido habría bajado. Cada vez que el látigo fustiga mi espalda, me apeo, me acurruco en la cantina y lamo mis heridas. El tren corría a toda máquina y el hombre que tenía enfrente no se apiadó de mí. Respondía a mis preguntas con una objetividad no carente de dureza, y dijo algo así:

–Somos criaturas débiles y atemorizadas, y nos preocupamos por nosotros mismos, pero hay momentos en que una persona debe sobreponerse, ser valiente y decir: no tiene sentido ignorar la verdad. La mentira nos convierte en seres despreciables. Lo abandonamos, ha llegado el momento de reconocerlo.

Le miré a los ojos y al instante vi que la vida errante había endurecido su mirada.

–Lo siento –me disculpé.

–No hablaba de ti –dijo.

Siempre supe que mis contrincantes ocultos conspirarían algún día contra mí, pero no me imaginaba que sería así. El tren se detuvo y bajé de inmediato. Era una de esas estaciones desiertas donde los escasos viajeros se dispersan al instante y tan sólo el permanente inquilino del andén, el cartel con las habituales advertencias, sigue en su sitio.

El dueño de la cantina no me preguntó qué quería tomar, y, como al resto de los clientes, me sirvió una jarra de cerveza. Fue entonces cuando la amarga noticia penetró en mí y me hizo estremecer. Stark, al igual que mi padre, había pasado por todo el orden jerárquico del partido. También él vivió muchos años en la clandestinidad. Lo que hizo mi padre en Bukowina lo hizo Stark en Galitzia. Al parecer allí había que realizar una labor más compleja y peligrosa. Oí que entre ellos hubo diferencias de opinión, pero Stark no las mencionaba. Siempre que hablaba de mi padre o de mi madre decía: "Almas con raíces". Conocía muchos secretos, pero no hablaba de ellos. En los últimos años mencionaba mucho a su padre, un descendiente de la dinastía de Rydzyna que, al contrario que sus antepasados, no se dedicó a aconsejar a las masas ni aceptó ser un dirigente hasídico. Vivía en un pueblo perdido, se ganaba la vida con una tienda de ultramarinos y cultivaba hortalizas en un huerto. Se preocupaba mucho de la limpieza y la sencillez, y comenzaba el día con un baño ritual en el río. Cuando terminaba de rezar se iba al huerto a trabajar. Sentía mucho que su único hijo se hubiese unido a los comunistas y atemorizara a terratenientes y empresarios, pero lo que más sentía era que conspirara contra los judíos.

En los últimos años, cuando yo le enseñaba a Stark un manuscrito o un libro antiguo, se sentaba, lo leía y luego decía: "Este libro le hubiera agradado mucho a mi padre". Por entonces, como si se hubiesen borrado de su vocabulario las palabras que había utilizado siempre, hablaba igual que lo hacían sus antepasados. En mi última visita mencionó todos los libros que yo le había proporcionado. Una vez estuvimos una noche entera leyendo *La senda de los justos*. Kron, un veterano miembro del partido y buen amigo de mi padre, le advirtió que hablaba como se hacía antaño en las casas judías, y Stark le contestó: "Amigo mío, mis antepasados, al igual que los tuyos, no eran salteadores de caminos sino trabajadores que vigilaban su conducta y daban limosna a los pobres. De jóvenes nos avergonzábamos de ellos y no veíamos la luz que iluminaba sus vidas, pero ahora ha llegado el momento de confesar la verdad y decir que eran honestos y trabajadores, y no olvidaban a los desdichados. ¿Qué queríamos de ellos, Kron?, ¿qué queríamos?".

En mi última visita, Stark estaba muy hermético y, cuando le mostré el libro *Pirqe Avot* que había comprado, dijo: "Es un libro importante que hay que leer con mucho detenimiento y humildad".

Cada vez que el látigo fustiga mi espalda, mi agenda se embrolla, pierdo el rumbo y olvido a las personas con las que debo encontrarme; y ahora estaba en una estación vacía y descuidada y mi mundo se había oscurecido por completo. El final del verano centelleaba sobre los árboles y la luz era suave, pero a mí esa época del año no me decía nada. Sentía el sudor de mi cuerpo y el cansancio que me recorría la espalda. Odiaba la maleta y todo lo que contenía. Mi cuerpo me arrastraba hacia el sueño.

Y cuando iba a cerrar los ojos, se acercó a mí una mujer, se inclinó y me susurró al oído: "Tengo una habitación no muy lejos de aquí, una habitación limpia y con bañera. Por cincuenta dólares estoy dispuesta a pasar toda la noche contigo. No te arrepentirás, créeme", me levanté sin ganas y la seguí.

XV

Al día siguiente tenía pensado volver a Salzstein, visitar la tumba de Stark y aclarar qué había pasado con los libros y los manuscritos, pero estaba cansado, ofuscado y sin fuerzas para ir muy lejos. Le di a la mujer unos cuantos billetes más y me quedé durmiendo en su casa hasta el mediodía. Luego subí al tren ómnibus y me puse en camino.

Una noche con una mujer me aturde completamente. Cuando era joven, una noche así sólo me embriagaba un poco y de inmediato caía en brazos de otra. Hoy me basta con una no muy exigente para sumirme al instante en un profundo sueño.

Llegué a la estación a las dos. La mujer, cuyo nombre olvidé enseguida, quiso acompañarme. Se lo permití. Era más alta y grande que yo. En el andén me besó de forma teatral, como quien no tiene nada propio.

Al atardecer volví a Rondhof. El norte me sonríe más que el sur. Allí he hecho muchos contactos, la gente está cerca de mí y me ayuda. Por unos momentos siento que mi vida transcurre con un objetivo. Es cierto que hace años todo era más compacto, pero ahora también hay bastante gente trabajando para mí.

El dueño de la cantina, el señor Drucik, un hombre de origen checo, confirmó la noticia que me había dado la señora Braun, que Nachtigal había comprado una casa en Weinberg y la estaba reformando. Me alegré. Cada vez que mis emisarios le pisan los talones, siento que mi vida no está desperdiciada. El señor Drucik es un hombre afable con la gente, ama a los judíos y añora su patria. Le conté mi secreto hace unos años y, desde entonces, trabaja para mí. Aunque le pago, por supuesto, no son sumas considerables. Una vez se disculpó diciéndome que si su situación económica mejorase no aceptaría ni un céntimo de mí. Le creo. De momento su cantina es muy modesta y la clientela escasa. Antes su joven esposa le daba vida al local, sin embargo, desde que falleció de repente, ha envejecido, descuida la cantina y se pasa casi todo el día junto a la ventana fumando y tomando café.

Me alegró que, al igual que la señora Braun, y al parecer de una fuente distinta, también él descubriera que Nachtigal había comprado una casa en Weinberg y se disponía a vivir allí. Pedí una copa para celebra la noticia. Drucik me contó que en invierno había tenido la oportunidad de ir a Weinberg y ver la casa con sus propios ojos: una construcción de dos plantas rodeada de prados y bosque. Y para facilitarme la tarea me dibujó un mapa del camino desde la estación de Weinberg hasta la casa del asesino. Cuando me dio el mapa mis manos temblaron. Sabía que la espera estaba llegando a su fin y que la hora de la verdad se acercaba.

Pero de momento tenía varios asuntos urgentes: dejar la maleta en la pensión de la señora Hahn, bañarme y ver lo que había en el mercado. El mercado de Rondhof es el más grande de la región y dura seis días. Allí había encontrado tesoros y mi vida había comenzado realmente a mostrarse y ramificarse. Hace años iba a tientas como un ciego y ahora conozco todos los escondrijos, aunque lo fundamental es la intuición. Hoy sé lo que contiene un saco cerrado o una tinaja llena hasta el borde. Antes sorprendía a algún campesino preguntándole: "¿Qué lleva en el carro? ¿Por qué no expone en el puesto los objetos que tiene ahí?". Su respuesta era: "No valen nada, no son míos, son de mi suegra". Y así encontré una antigua Hagadá, ilustrada por un artista judío que había hecho un impecable y minucioso trabajo.

La señora Hahn siempre me recibe con buena cara, pero en esa ocasión se acercó a mí acalorada, me abrazó, me beso y me dijo: "Esta vez te has retrasado, querido amigo". La señora Hahn es una judía convertida al cristianismo. Sus padres, a diferencia de otros, se alegraron de su conversión y acudieron a su bautismo. Se iba a casar con el príncipe de Hohensalz. Una semana antes de la boda se descubrió que el príncipe, que había estado muchos años en París, se había contagiado de sífilis y estaba a punto de morir. La boda no se celebró, pero la señora Hahn siguió siendo cristiana, no se casó y vivía como una monja. No me ocultaba su afecto por los judíos, su propio pueblo. Cuando me conoció, me lanzó una penetrante mirada y dijo: "Judío, si no me equivoco". Desde entonces somos amigos. Para desayunar me prepara tostadas, un huevo duro, queso casero y un vaso de café. Cada vez que me lo sirve, dice: "Los judíos no comen carne por la mañana, ya lo sé". Y cuando me retraso por la noche, se enfada conmigo y dice: "A los hombres judíos, en el fondo de su corazón, les gustan las mujeres no judías, ¿eres tú como todos los judíos?". Recuerda muchas palabras de su infancia. Cuando está de buen humor, empieza a declamarlas una a una en el salón. Por la tarde se sienta a la mesa, sirve coñac para los dos, y dice:

–¿Qué tal está mi judío? Hoy parece triste.

–El judío no ha encontrado nada en el mercado. Ha estado tres horas buscando y ha fracasado en su intento.

–Los judíos nunca están contentos consigo mismos, y los demás tampoco están contentos con ellos.

–Pero tú los comprendes.

–Porque soy uno de ellos.

–¿Por eso conspiran contra ti?

–Yo conspiro contra ellos –dice entornando los ojos–, yo les recuerdo que Jesús era judío, estaba circuncidado y rezaba en la sinagoga.

–¿Y qué dicen?

–Aprietan los dientes.

Al atardecer, la señora Hahn prepara sopa de verduras y empanadas de queso y me habla de su juventud y de sus padres, tan pobres que no encontraron otra salida que la conversión de sus hijos. También su hermano pequeño se convirtió. A él le fue mejor. Se casó con una mujer rica y vive en el Tirol. Tiene muy poca relación con él, un telegrama o dos al año. Pero la herida latente, la herida que se niega a cicatrizar, son sus queridos padres. A los ochenta y cinco años los enviaron a Auschwitz. Ninguno de los vecinos pidió justicia. Cuando me habla de ellos su rostro cambia y se cubre de vejez. Una vez, en un momento de absoluta concentración, me dijo: "Debería haberme ido de este maldito país. Un país que envía a padres ancianos a los hornos crematorios es un país criminal que debe ser borrado de la faz de la tierra, como Sodoma y Gomorra". Para distraerla, le hablo de la gente que me encuentro por el camino. Palabras extrañas, palabras que no suelo utilizar, salen entonces de mi boca.

Al día siguiente volví a inspeccionar el mercado. Algunos de mis contrincantes se me habían adelantado. Era evidente que con los años también habían aprendido el oficio. Ahora era muy difícil encontrar un objeto de valor en esa desolación. Entré en la cantina de Drucik. Drucik estaba borracho como una cuba y balbuceaba palabras en checo. Al verme me abrazó y gritó: "Quiero mucho a este hombre. Aquí todos son depravados y tienen afán de lucro, Erwin es el único que no me pide nada, él siempre me da. Que sepáis todos que los judíos no sólo son más inteligentes, son mejores. Bebamos a la salud de los judíos. Son dignos de respeto, nobles, amantes de los libros, entre ellos ha habido médicos, escritores y editores ilustres. Me quito el sombreo y hago saber al mundo que respeto a los judíos. No me da miedo expresar lo que siento. Ha llegado el momento de hablar abiertamente".

Hablaba con entusiasmo, pero su aspecto era lastimoso. Tenía la cara enrojecida y babeaba.

—¿Por qué no nos sentamos, señor Drucik? —dije.

—Yo no me siento —contentó—, permaneceré de pie mientras me quede aliento.

Las últimas palabras me dieron miedo. Sentí el desconcierto y la animadversión que bullía en el local.

Fuera no había nadie a esa hora. Un frío gris se adhería a las columnas de cemento visto que sujetaban el techo de la estación.

—¿Qué hago aquí? —dije, y mis ojos se ensombrecieron.

La melancolía me había atrapado allí más de un vez, y cuando eso ocurría mis miembros se crispaban y me inundaban olas negras. Me tomé dos pastillas y me arrastré hasta mi habitación, me tapé con la manta y me cubrí la cabeza con una toalla. Estuve un día entero sin salir de la cama.

Al día siguiente, la señora Hahn llamó a la puerta y gritó: "Te he traído algo de comer. No se debe dormir sin comer". Conoce mi debilidad. Cuando la melancolía va a ahogarme, ella aparece, me da la mano y me saca del fango, luego me dice: "No debes estar aquí. Este lugar te sienta mal, deben de ser los olores del otoño, o quizá los abonos químicos. Vete en paz y olvídame". Eso me dice siempre, y eso hizo también esa vez, pero en esa ocasión había un temblor en su voz que me asustó.

XVI

Desde Rondhof continúo hacia el norte, hasta Rondhof Alto. Allí los árboles ya están deshojados y se siente el frío. Debo reconocer que el frío me sienta mejor que las temperaturas templadas. Con el frío revive una parte dormida de mi ser. Con un abrigo y unas botas me siento más estable.

En Rondhof Alto, justo después de la guerra, un judío llamado Max Rauch abrió una mercería que prosperó con el tiempo, y ahora está rodeada por seis grandes tiendas, una cafetería, un restaurante y un bonito hotel. Hace treinta años que somos amigos. Max me compra buena parte de mis adquisiciones. Me agrada venderle a él las alhajas, porque paga un precio razonable y las cuida mucho. Al igual que a mí, le gusta la grafía hebrea, y cada vez que me ve se enorgullece de mostrarme que todo lo que me ha comprado está intacto. Hace años le traje una maleta llena de libros en yiddish que encontré en un sótano de la remota Schaumwasser. Dios sabe cómo llegarían allí. Le gustaron mucho y, desde entonces, también hago acopio de libros en yiddish.

Apenas llegué a la estación de Rondhof Alto fui consciente de mi delito: los numerosos libros de Stark, esos libros que adquirió con esfuerzo y abnegación, los fascículos y la no despreciable cantidad de libros que yo compré para él, todo lo quemaron las monjas, y yo no hice nada para recogerlos y dejarlos en la amplia casa de Max. Ahora me acordaba: la última vez que nos vimos, Stark miró su biblioteca y dijo con una clara malicia: "Me da pena de estos libros, pero no me preocupa, seguro que tú los distribuirás". Eso me hirió profundamente. Quise gritar, yo no especulo con los libros. Yo me destrozo los pies yendo de un lugar a otro para salvar lo que se pueda. Es cierto que vivo de eso, pero no estafo a nadie. Esas palabras estuvieron a punto de salir de mi boca, pero al ver su rostro, el rostro de alguien abandonado, contuve mi lengua. Ahora tampoco Stark está entre nosotros.

Hasta la llegada de Max, Rondhof Alto no era más que una loma desolada y remota, pero desde que abrió el centro, el lugar bulle de campesinos y visitantes llegados de todos los pueblos, y por la tarde, en la cafetería, beben y bailan hasta bien entrada la noche. Pronto abrirá también un cine para atraer a más visitantes y compradores.

En su casa me siento protegido y tranquilo, tal vez por la amplia habitación bien fortificada de la planta baja. La habitación tiene dos salidas, una secreta. Una vez me confesó que todas sus habitaciones tienen una salida secreta. En nuestra época no se puede dormir en una habitación que no tenga una salida secreta. Estoy completamente de acuerdo con él. Las habitaciones de hotel me inquietan, me despierto a las tres y lucho con mi insomnio hasta el alba. Los nuestros deben dormir en una habitación amplia que tenga más de una salida, para saber, incluso en medio de una pesadilla, que hay escapatoria.

Cuando entro en mi habitación, enseguida bajo las persianas y me sumerjo en un profundo sueño. Max no me molesta y me deja dormir cuanto quiero. En su fortaleza el sueño es plácido, sin amenazas, y me dejo llevar por él.

Al día siguiente me siento con Max en la cafetería y le hablo de mis viajes. De la guerra y de los tiempos pasados no habla mucho con nadie, tampoco conmigo. Yo respeto su silencio, le enseño los libros y los objetos y fijo el precio. Le gusta todo lo que le muestro. Hace un año le llevé un candelabro de Januká de Alsacia. Se emocionó mucho. Así es Max: la inteligencia práctica y la honestidad se conjugan en él. Realmente es el único que sabe apreciar mis esfuerzos. En su amplia casa ha alojado todas las alhajas que le he traído a los largo de los años. Una habitación para los candelabros de Januká y las cajitas de especias, otra para los libros en hebreo, otra para los libros en yiddish y otra para los objetos de culto. Casi todo me lo ha comprado a mí.

A veces creo que mi vida está oculta en las habitaciones de Max. Cada año añade un estante. Si no fuera por Max dudo que continuara con esto. Pensar que alguien te espera, que cuando llegas te instala en una habitación amplia y confortable y manda al encargado del restaurante que te sirva una buena comida, hace más llevadera mi existencia errante. Es cierto que cuando llego a Rondhof estoy agotado, pero al día siguiente ya me he recuperado, me siento en la cafetería y mi cuerpo se vuelve a llenar de ganas de vivir.

Más tarde, Max me conduce de habitación en habitación, me muestra los cambios y yo descubro de nuevo que todo está dispuesto para una larga vida. Pero el último año sentí un miedo incomprensible y tuve la sensación de que la colección estaba en peligro. Parece que Max se percató de mis temores y al instante me aseguró que todo estaba bien seguro, y que llegado el día enviaría los tesoros en baúles de hierro a Jerusalén.

Cuando conocí a Max, estaba casado con una mujer alta y ambiciosa llamada Hermine, procedía de Dinamarca y en sus grandes ojos brillaba el azul frío del norte. Me odiaba a mí y las alhajas que Max me compraba, pero a pesar de todo continué yendo a su casa, me sentía muy unido a Max. El matrimonio, afortunadamente para mí, no duró mucho. Desde entonces nada se interpone entre nosotros. Me gustan sus actos, su honestidad, su carácter tranquilo y el sencillo vocabulario que utiliza.

Hace unos años llegaron a Rondhof Alto varios comerciantes judíos, supervivientes como yo. Era Shabbat, y Max quiso agasajarles preparando una sinagoga en la planta baja. Constaba de tres ejemplares de la Torá que yo había adquirido para él, varios atriles y una cortina cubriendo el tabernáculo. Los comerciantes se cubrieron con el *talit* y rezaron. Después de la oración les preparó la cena. Uno de los comerciantes, se llamaba Fretzl, un contrincante oculto, me confesó que hacía años que no se había sentido tan cerca de sus padres como en ese

Shabbat. Al igual que yo, deambulaba por estas regiones, pero la suerte no le sonreía. Ese año había encontrado un par de candelabros de plata del siglo XVI con la bendición de las velas grabada, pero eso había sido todo. No era fácil vivir de eso. Se disponía a emigrar a Nueva Zelanda.

Sorprendentemente, una semana en casa de Max me trae a la memoria varios ámbitos olvidados de mi vida. Max no pregunta mucho ni da consejos. Su fisonomía es sorprendente. A diferencia de la mayoría de nosotros, es alto, y en sus movimientos se entreteje cierta mesura. Entre los mostradores de su tienda parece nórdico, moderado y tranquilo, como si no hubiera nacido en Sadigora sino en esta provincia, donde el otoño tardío es suave y los colores animan, pero por la noche, cuando me siento con él en el salón, su rostro cambia, la piel de su frente se oscurece, sus movimientos se aceleran y habla un yiddish sencillo y sonoro del que mana un viejo escalofrío. Vuelve a asegurarme que cuidará lo que me ha comprado como a la niña de sus ojos y que, llegado el día, todo será enviado a Jerusalén.

A veces, cuando estaba de buen humor, después de dos o tres copas, me habla de sus antepasados hasídicos, los justos de Rydzyna, de los Hager, de los Friedman y de sus descendientes, que se dispersaron por todo el mundo y llegaron incluso a la lejana Argentina. Cuando habla de sus antepasados, yo siento que Max está unido a ellos por un hilo invisible, aunque no a todos de la misma forma: de Stark y Rollmann, por ejemplo, que también eran descendientes de los Rydzyna, casi no habla. Atormentaron mucho a sus antepasados, me dijo una vez. Es extraño, ese hombre inmerso por completo en el mundo práctico y de aspecto similar a los lugareños, ese hombre que vuelve por la noche a su casa y se sienta frente a mí encorvado y con cierta tristeza en los ojos, evidentemente no está solo, sus antepasados le acompañan. Es difícil saber en qué le presionan, pues quizá ya se ha acostumbrado a sus demandas y no reacciona. Una vez me confesó que en el distinguido linaje de los Rizhin había penetrado un malvado gusano que llevaba generaciones corroyendo a sus descendientes. Quise saber más, pero Max no siguió dando explicaciones.

Una semana en su fortaleza me da un nuevo plazo. Los eslabones perdidos de mi vida vuelven a unirse y me paso horas en la cafetería, observando desde la ventana los espléndidos colores anaranjados del otoño. Hace un año me reconcilié aquí con uno de mis contrincantes, un hombre bajo y afable que me confesó que llevaba años siguiéndome e intentando en vano aprender el secreto de mi éxito. Al final se ha convertido en socio de una tienda de ultramarinos que no está muy lejos de aquí. Es cierto que resulta difícil competir con el centro de Max, pero lo intentan.

No todos los días te conceden una tregua. A veces también aquí me embarga la melancolía. Mis ojos se enturbian y no veo ninguna salida. Este año le pedí consejo a Max, y me dijo:

—He encerrado la melancolía bajo siete llaves.

—¿Y así siempre?

—Siempre, querido amigo.

—Y si consigue salir, ¿que se puede hacer?

—Yo la golpeo con un palo hasta que vuelve a su celda —dijo, y la leve risa que se percibía en su voz me estremeció.

XVII

El uno de octubre abandoné la fortaleza de Max y me puse en camino. Había ciento veinte kilómetros hasta Weinberg, y allí estaba el asesino a punto de inaugurar su nueva casa. La semana en compañía de Max me había hecho olvidar mi deber. Max me conquista fácilmente, es agradable y generoso, y me hace sentir que comparto con él un gran secreto. La verdad es que es él quien costea la mayoría de mis viajes. Si no fuera por Max llevaría ya mucho tiempo hundido en alguna tienda oscura, contando monedas como un mendigo. Me paga al contado y me da algo de más. Cuando salgo de su fortaleza llevo los bolsillos llenos de marcos y dólares. Sé que tiene un gran patrimonio y que está asegurado, y por tanto no hay que compadecerse de él, sin embargo, su absoluta y pertinaz entrega a la colección me emociona.

Ese año la despedida no me resultó fácil. Podría haberme quedado una semana más, pero no lo hice. De camino a Weinberg tenía varias cosas que hacer y debía prepararme para la inevitable batalla. En la estación ferroviaria sentí que me flojeaban las piernas. Tuve la sensación de que mi vida se acercaba a un callejón oscuro. De pronto pensé con angustia en las personas que me habían hospedado y adoptado, y sobre todo en Max, que había arreglado para mí una habitación amplia y confortable. Ahora me parecía que también él estaba en peligro.

Y mientras mis pensamientos se ensombrecían, apareció el tren, se detuvo y subí como si estuviese fuera de mí.

De inmediato fui a la cafetería. El camarero me reconoció y puso la emisora de música clásica.

Me senté junto a la ventanilla y el rostro de Max volvió a aparecer ante mí. La tarde anterior habíamos estado en el café tomando unas copas. Le hablé de Berta y de su nostalgia por su ciudad natal. Max me confesó que desde hacía años sufría un terrible insomnio y tenía en mente ir a Sadigora a visitar las tumbas de sus antepasados y pedirles perdón. Su decisión era firme, pero diversos asuntos insignificantes le habían impedido realizar el viaje. Al final enfermó, le operaron y todo salió bien, sin embargo no se marchó. Desde la operación no volvió a tener insomnio, pero a veces unos terribles dolores lo despertaban al amanecer. Las palabras salieron de su boca con suavidad, y por primera vez me di cuenta de que también él, ese hombre tan elegante, pertenecía a nuestra familia errante, a la familia que día y noche trata de aplacar su rebelde inquietud en ese lugar desolado. Aunque, al parecer, su lucha era distinta. Sus ilustres antepasados le declararon la guerra y le hicieron sufrir. Esa misma noche mencionó explícitamente los espíritus y fantasmas que le acechaban en cada esquina y conspiraban contra él. Eran especialmente duros por las noches, cuando su poder era absoluto. Y también me habló de su mujer, que sentía un odio incontenible hacia los judíos. Durante los primeros años de matrimonio su animadversión tenía la gracia de la provocación, pero el último año era la maldad personificada, y hasta le amenazó con prender fuego a la colección.

Hace años, después de una semana en casa de Max, me subía al tren ómnibus e iba directamente a ver a Brunhilde. Pero en los últimos tiempos Brunhilde ya no es la que era: su belleza se ha marchitado, gruñe e insulta a sus dos maridos por haberla desposeído de sus bienes, llama a los judíos seres débiles y amenaza con hacer pública la degeneración de Max. El tren pasó junto a su casa y no sentí pena ni arrepentimiento.

El tren se detuvo en varias estaciones en donde me gustaba pernoctar, pero me contuve y no me apeé. Me dije que tal vez encontrara a una mujer entregada o alguna alhaja, pero eso me desviaría de la ruta y debía llegar lo antes posible a Weinberg. Sin embargo, cuando el tren se detuvo en Zwieren no pude evitar bajar.

En Zwieren había a mediados del siglo pasado una comunidad judía pequeña pero muy asentada. Con los años se fue dispersando y las casas y la sinagoga fueron abandonadas, pero milagrosamente aún quedaban en pie tres casas y las ruinas de la sinagoga. En el mercado del lunes encontré hace años un cazo con una inscripción en hebreo que decía "Leche". Las letras hebreas en esos lugares remotos me conmueven, pero mi mayor descubrimiento en Zwieren fue August, tiene un cuarto de judío. Por ese cuarto ha sufrido durante toda su vida y aún no han dejado de recordarle su tara. Es un hombre alto y fuerte que por sus gestos parece un auténtico campesino. Cuando descubrió que yo era judío se alegró mucho y me invitó a su casa, y desde entonces, cada vez que vengo a Zwieren, me alojo allí. Nos quedamos hasta muy tarde tomando té y coñac. Durante la guerra enviaron a su anciana madre, que era medio judía, a un campo de Alemania para mejorar los modales. Regresó de allí delgada y arrugada, y hasta el fin de sus días no volvió a hablar.

Bajo los efectos del coñac habla del cuarto de judío que hay en él con cierto orgullo oculto, como si fuera una enfermedad de la nobleza, y desprecia a todos aquellos que han conspirado contra él desde su infancia. Desde pequeño su madre le protegió y su padre incluso pegó a dos chicos por haberle insultado. Durante la guerra no lo llamaron a filas, sino que le hicieron intendente en un puesto de bomberos del sur de Alemania, no muy lejos del campo para mejorar los modales donde su madre, la medio judía, estaba presa.

Ahora August tiene setenta y cinco años, y aún está sano y erguido. Por la tarde dimos un paseo por el pueblo. Me volvió a enseñar las casas judías y las ruinas de la sinagoga, y mientras tanto me confesó que tampoco sus dos hijos le mostraban demasiado afecto, y sólo le visitaban en Navidad.

Nos tomamos varias copas. Le hablé de mis viajes pero no de Nachtigal, sólo insinué que me esperaba un año decisivo. La alegría de su mirada se desvaneció y la pesadumbre se instaló en sus ojos. Al final me dijo en un tono medio de guasa:

—Viviremos eternamente, pero, a pesar de todo, quiero darte ahora algo que me pertenece. Este objeto, o como quiera que lo llames, es una herencia de mis antepasados judíos. Me lo dio mi madre y lo he guardado todos estos años. Lo cierto es que me ha agobiado durante todo este tiempo. Ha llegado el momento de ponerlo en las manos adecuadas.

—¿Por qué yo? —me sobresalté.

—Porque eres judío, ¿no es así?

—No un judío creyente.

—Pero judío.

Quité el envoltorio y lo vi: una copa para la bendición del vino con la inscripción "Shabbat Santo". Volví a cubrirlo con el paño de terciopelo y quise decir, no tengo casa propia donde dejarlo, pero la emoción paralizó mi lengua. Me miró como un campesino que ha vendido su fiel animal a un tratante de ganado.

—¿Por qué me das esto ahora? —las palabras salieron de mi boca.

—No quiero quedármelo. Ya es suficiente —alzó un poco la voz.

Incliné la cabeza.

—Seguro que lo comprendes —dijo—, no puedo mantenerlo conmigo por más tiempo.

—Yo lo cuidaré —dije en voz baja.

—He cumplido con mi obligación. Ahora ya no es responsabilidad mía, gracias a Dios.

—Yo lo cuidaré —repetí, y quise escapar.

El tren se acercaba y me despedí de él apresuradamente, como si el suelo ardiese bajo mis pies.

XVIII

Entre Zwieren y Zwieren Alto sólo hay media hora de tren, y sin embargo el aire es completamente distinto. Zwieren Alto está asentado sobre una loma pelada y alejada de cualquier lugar habitado, y si no fuera por el tren que pasa a sus pies, es posible que nadie recordara su existencia. Lo descubrí hace muchos años y desde entonces no puedo pasar de largo. El tren llega hacia las doce, pocos viajeros suben o bajan. El andén lo dice todo de ese lugar: un andén desierto, sin servicios ni jefe de estación, como una capilla abandonada.

En esa ocasión el viento era frío, como si fuese a nevar, pero el ascenso no fue difícil. Cargué con la maleta con energía y a la una ya estaba sentado en mi sitio de siempre: un árbol con muchas ramas desde donde se ven los alrededores. Saqué los sándwiches y el termo que me había preparado August. Sus sándwiches tienen sabor casero, tal vez por el queso fresco, y su café fuerte y caliente me reconforta. Ahora la presencia de August parecía más poderosa. Saqué de la maleta la copa que me había dado. Era una copa sencilla, sin adornos, y las letras grabadas en ella eran, si se pueden calificar así, campesinas, sin pulir.

Hace años, a August le divertía su cuarta parte de judío, y cuando hacía alguna afirmación juiciosa decía: "No soy yo, es mi cuarta parte". A veces hablaba de esa cuarta parte como de una enfermedad juvenil ya curada. Sólo cuando mencionaba a su madre y su prolongado mutismo, sus ojos azules se llenaban de húmeda pesadumbre. Hace años, cuando le conté que tenía pensado ir algún día a Jerusalén, me dijo con la seriedad de un campesino:

–¿Vas a visitar la iglesia del Santo Sepulcro?

–August –dije–, soy judío.

–Se me había olvidado –dijo–, debería haberlo recordado –luego preguntó–: ¿Los judíos no creen en la resurrección de Jesús?

–No.

–¿Y en qué creen?

–En la Biblia.

–¿Y la Biblia no menciona a Jesús?

–No.

–¿Entonces que pretendía el cura con su sermón del domingo?

Las preguntas de August huelen a tierra. Sus antepasados eran campesinos y ha heredado de ellos la inocencia y la fuerza. Cuando habla de su padre, que trabajó la hacienda con sus propias manos, no se aprecia en él ningún rasgo judío. A veces me gusta más el campesino que hay en él que el débil cuarto de judío. Ese cuarto le entristece, y la tristeza no armoniza con su cara redonda.

Cuando la melancolía estaba a punto de aflorar, recordé lo que me había llevado allí, y al instante saqué la pistola de la maleta y la desenfundé. Ese burdo pedazo de metal me cautiva. Las alhajas y los manuscritos al final los vendo, pero ella me es fiel. Sólo Max conoce el secreto y siempre me provee de varios cargadores nuevos.

Después de disparar dos cargadores oí una voz que me llamaba. Era una voz clara y potente, y me agaché. Cuando volvió a llamarme me pareció la voz de Berta. Hace años la llevé allí para enseñarle el paisaje y la pistola. Al principio se emocionó, pero la emoción se convirtió enseguida en temor: balbuceó unas palabras ininteligibles y tuve que llevarla de vuelta a la estación, tranquilizarla y distraerla. Por supuesto no le mostré el arma. Entonces aún no conocía las fuerzas ocultas en ella. Ahora Berta se sienta en la ribera del río y absorbe el agua con los ojos. Sólo Dios sabe qué pensamientos anidan en su cabeza.

Limpié el arma. Cada vez que lo hago siento que mi vida se llena de entereza y el miedo a la muerte disminuye. Max me dijo una vez que el paso al otro mundo tenía que ser muy corto. Cuando le pregunté cómo se hacía eso, contestó: "Hay que entrenar". No hice caso de su comentario.

Al volver a desenfundar la pistola vi a Berta igual que la primera vez: una joven inmersa en el trabajo, con la cara tensa, como si su mirada estuviese pegada a un espejo mágico. No era hermosa, pero el estupor le confería a su rostro la belleza de quien está pendiente de sus secretos.

Eran las cuatro, el sol había bajado y ya besaba el horizonte. Volví a meter la pistola en la maleta y me apresuré a descender. A las cinco pasaba el último tren ómnibus y no podía retrasarme. Es extraño, después de disparar allí veo muchas caras. Todas las estaciones se unen, y los conocidos que viven a muchos kilómetros, judíos, medio judíos y enemigos, se mezclan unos con otros como si fueran parientes. La imagen pertenece a ese lugar y también esa vez la vi; sin embargo, por alguna razón, en esa ocasión eran personas cargadas con paquetes y hundidas en sí mismas, como si supiesen que ya no había escapatoria.

XIX

Desde allí debía ir directamente a Weinberg, pero me inquietaba la idea de estar acercándome al asesino y quise ver al rabino Simmel. A lo largo de los años había pasado mucho tiempo en su compañía. Ahora, el viaje sin su bendición me parecía una tragedia y, por tanto, me apeé en Sandberg.

La estación de Sandberg se parece a todas las estaciones pequeñas: cemento gris y una cantina agobiante. El rabino Simmel me acompañaba siempre y permanecía conmigo hasta que llegaba el tren. La espera en ese lugar desierto era muchas veces un momento benevolente para mí.

Nada más bajar del vagón supe que algo no iba bien. La única ventana de la cantina estaba cerrada y una potente farola iluminaba la estación. En los últimos vagones había unos caballos atados. Los caballos avanzaban a paso lento, indeciso, como si fuesen obligados a caminar sobre ascuas.

Entré en la cantina y pregunté por el dueño. Éste me informó enseguida de que el rabino Simmel estaba muy enfermo y ya no salía de su habitación.

—¿Desde cuándo, querido amigo? —le pregunté al cristiano como un idiota.

—No lo sé —dijo en tono indiferente y altivo.

—¿Y dónde está el coche de caballos?

—A esta hora no hay, el cochero ha vuelto al pueblo —dijo mirando a un lado.

Me quedé en la estación iluminada observando a los caballos atados que estaban en la entrada de los almacenes, tenían la cabeza inclinada y resoplaban como si hubieran ascendido por una montaña. En ese instante tomé la decisión: aunque la maleta pesaba mucho, iría andando.

Hasta finales del siglo pasado había en Sandberg una comunidad judía, pero con los años los jóvenes se fueron yendo a las grandes ciudades y los ancianos, en sus viejas casas, fueron desapareciendo uno a uno. El rabino Simmel, que entonces era joven, permaneció allí para cuidar de los pocos ancianos que quedaban, de la sinagoga y de su gran biblioteca. Durante la guerra lo deportaron con los ancianos a los campos. Primero a Minsk y luego a los campos de trabajo, y desde allí lo enviaron a un pequeño campo de exterminio en Hungría. En el último momento se salvó. Cuando volvió a Sandberg después de la guerra se encontró con que, sorprendentemente, la sinagoga estaba cerrada con el mismo candado que él había puesto y la llave seguía en la hornacina que la protegía. Tenía intención de permanecer sólo un día, el tiempo necesario para visitar las tumbas de sus antepasados, y después unirse a los supervivientes que iban a Palestina, pero al encontrarlo todo igual sintió lástima de la sinagoga y de los libros y se quedó. Parece ser que una mujer que había trabajado durante años en las casas de los judíos había ido una vez por semana a limpiar la sinagoga y las habitaciones anexas. Los vándalos habían intentado varias veces prenderle fuego, pero la mujer los había amenazado con el castigo divino y se habían vuelto atrás. Murió unos días antes de que él llegara.

Desde entonces el rabino Simmel no se ha movido de allí. Si aparece algún judío errante, le da de comer, le aloja en una de las habitaciones y le enseña los libros de la biblioteca. Yo llegué en 1952, confuso, cansado y perdido.

Aceleré el paso para llegar antes de que oscureciera.

Me alegro de que hayas venido, me dijo con los ojos, de los que manaba una suave luz. Me senté a su lado y me dispuse a escuchar. Con los ojos me señaló una carta que estaba sobre la mesa. En la carta, entre otras cosas, ponía: "En la habitación contigua he preparado baúles de hierro, pon los libros en ellos y envíalos a Jerusalén".

Para sobreponerme le conté que tenía intención de ir a Weinberg y acabar con la vida del asesino. Lo que ocurriera después no tenía ninguna importancia para mí. Al oír esas palabras abrió los ojos, en ellos se podía apreciar que había captado algo de lo que había dicho. Era importante para mí que el rabino Simmel supiera que no había olvidado cuál era mi deber.

Entró el médico del pueblo y yo me fui a la otra habitación. El médico no preguntó nada y el paciente no se quejó. Ese silencio me hizo pegarme a la pared. El médico le atendió durante unos instantes y salió. A mi pregunta, "¿Cómo está el rabino?", contestó, inclinando la cabeza: "La salvación está en manos de Dios". Quise reprenderle, decirle que un médico no es un rabino, que de él esperamos pragmática, pero me contuve. El médico se adentró en la oscuridad y yo me quedé mirando cómo se alejaba.

Cuando entré en la habitación, los ojos del rabino Simmel estaban cerrados. Le hablé de Max y de August, y le rogué que no se preocupara, porque Max era generoso y apreciaba el lugar. El rabino pareció entender mis palabras y una sonrisa estremeció sus labios.

Salí y encendí la menorá de la sinagoga. Mi abuelo quería acercarme de pequeño a la oración, pero no supo cómo hacerlo. Mi abuela leía conmigo las oraciones y yo estaba seguro de que sólo las mujeres sabían rezar. Permanecí muchos días leyendo con el rabino Simmel. Su forma de leer era maravillosa, como si estuviese tocando y oliendo una fruta. Leímos el Pentateuco, tratados de la Mishná y Midrashim.

El rabino llevaba años escribiendo la crónica del lugar y la historia de la dinastía Simmel, que no había abandonado Sandberg durante cerca de setecientos años. Sus antepasados habían escrito muchos libros: halajá, ética, exégesis y cábala. Una persona podía pasarse allí una vida entera y no darle tiempo a estudiar más que una mínima parte de los tesoros que dejaron.

Hace unos años, cuando terminó el listado de los libros y preparó una bibliografía completa, quiso embalar los volúmenes y enviarlos a Jerusalén, pero desde el cielo le demoraron. Primero se puso enfermo y, cuando sanó, tuvo sueños aterradores: sus antepasados no aprobaban su decisión, luchó con ellos y al final vencieron. No envió los libros a Jerusalén y él tampoco se marchó. No era fácil conversar con él de ese asunto, pero de todo lo demás hablaba gustoso. A comienzos del siglo pasado se instalaron allí unas veinte familias judías. Las sólidas casas de piedra aún permanecen en pie. Cuando paseábamos por la noche me hablaba mucho de ellos, eran un espléndido grupo de comerciantes y eruditos contra los que conspiraban los alborotadores y a los que en ocasiones expulsaron, pero ellos regresaban y volvían a levantar las ruinas. Ahora sale humo de las casas, los campesinos preparan la cena y una densa calma sube evaporada de los prados. Así ha sido desde siempre.

Telefoneé a Max y le pedí que acudiera. Su devoción por el rabino Simmel es absoluta. Si tiene un rato libre vendrá y traerá frutas, verduras y productos lácteos. Al igual que sus antepasados, el rabino es vegetariano.

En ese momento me llamó. Señaló con los ojos los baúles de hierro y le prometí que embalaría los libros y con ayuda de Max los enviaría a Jerusalén.

Entretanto llegó Max. Una nueva luz brilló en los ojos del rabino Simmel, y los tres nos sentamos en silencio. De repente Max me preguntó:

—¿Has entrenado?

—He disparado dos cargadores —contesté, sorprendido por su pregunta.

—Hay que entrenar cada mes —su forma de hablar no era nada habitual.

–No tengo muchas oportunidades.

–Debes hacerlo –me dijo.

Jamás me había hablado en ese tono. Quise decirle, querido hermano, ¿por qué me haces sufrir en este difícil momento? Me miró con ira y dijo:

–Yo entreno una vez a la semana.

Esa misma noche murió el rabino Simmel. Max lloró y yo no supe cómo consolarlo. De pronto me salieron unas palabras impropias de mí:

–El rabino Simmel ha concluido su labor en este mundo y ahora se ha reunido con sus antepasados. Su vida ha sido pura y sin tacha.

No reaccionó ante mis palabras. Su rostro se oscureció y una nube se posó sobre su frente. Enterramos al rabino Simmel junto a sus antepasados y recitamos juntos la oración por los difuntos. Después fuimos a la cantina y tomamos un café insípido.

Tenía intención de hablarle de Nachtigal, pero me contuve. Sentí que tenía que cumplir ese deber sin pedir ayuda a nadie. El aspecto de Max en la cantina era aterrador. Grandes manchas se atrincheraban en su rostro y le temblaba el labio inferior. De repente se levantó.

–Debo irme a casa –dijo.

Quise retenerlo, pero se mantuvo firme en su decisión y no me hizo caso.

XX

Mareado y vacío subí al tren ómnibus nocturno y me puse en camino. Enfrente de mí estaba sentada una mujer baja y gruesa con una sonrisa flemática en los labios. Le conté que hacía pocas horas había enterrado a un ser querido. Al oír eso, la sonrisa se trasformó en una mueca y se tapó la boca con la mano derecha.

–¿Dónde ha sido? –preguntó sorprendida.

–Aquí –dije, y al instante vi ante mí a los dos campesinos corpulentos que habían cavado la fosa y a Max, con kipá, apretando el libro de oraciones contra su pecho. Después del entierro nos adentramos en los campos cosechados, donde no había ni un alma, cruzamos el río y permanecimos de pie en una explanada desierta rodeada de árboles deshojados. Las largas piernas de Max eran más largas de lo habitual, tenía la cabeza un poco inclinada y la boca abierta, como si acabara de comprender que la vida pasa, que nuestros seres queridos fallecen prematuramente y que la pervivencia es difícil y carece de sentido.

–El maldito Sandberg –dijo la mujer con voz clara y desagradable.

–¿También a usted la han herido allí? –pregunté.
–Jamás volveré a Sandberg.

–¿Por qué?

–Porque allí todos me odian –su voz rugía como un animal que ha escapado de la jaula. El miedo fluía de sus ojos abiertos, balbucientes, y se notaba que hacía poco tiempo había estado en manos de los perseguidores.

–¿Tiene familia allí? –pregunté.

–Tengo tres hermanas, tres brujas que me hacen la vida imposible.

–¿Qué quieren de usted? –la interrogué.

–Que me case. Yo no quiero casarme. Quiero vivir como me plazca, sin marido y sin hijos.

–Es comprensible.

–Pero no para mis devotas hermanas. Creen que soy una libertina. Y no lo soy. Sólo busco un poco de tranquilidad. Eso es todo; tiempo atrás las mujeres así caían directamente en mis brazos. Una mujer que huye no exige nada, es sumisa y entregada, y sólo busca un poco de afecto, un sándwich y dinero para ponerse en camino. Después de pasar una noche con una mujer así se la olvida fácilmente, pero el desafortunado conflicto con sus hermanas hacía que la que estaba sentada enfrente de mí tuviese en la cara el gesto lastimoso de un animal abandonado. Sus cortos dedos, que parecían cercenados, le tapaban todo el rato la boca.

–No tiene por qué casarse –le dije.

–Lástima que mis hermanas no le oigan –esas palabras salieron de su boca pesadas y en bruto.

–Estoy dispuesto a explicárselo –dije.

Al oír eso empezó a llorar y a sollozar:

–Nadie me entiende. Ellas me persiguen como si fuese una liebre. Y no soy una liebre –su rostro desencajado reflejaba insensatez y dolor, y volvió a repetir–: No soy una liebre, no quiero que me persigan.

Le hablé como suelo hablar a las mujeres, con cierta zalamería e hipocresía, incluso le dije que era guapa. Mis palabras hicieron efecto: se secó las lágrimas y los rasgos de campesina afloraron con toda su tosquedad.

–¿Qué está usted haciendo aquí? –preguntó.

–Soy buhonero.

Al parecer no comprendió el significado de la palabra, y dijo:

–Menos mal que no ha nacido en este maldito lugar. A mí me perseguirán durante toda mi vida.

–Dentro de un año o dos sus hermanas envejecerán y la dejarán en paz.

–¿Está usted seguro?

–Estoy completamente seguro.

Inclinó la cabeza como si fuese a arrodillarse, entonces la reprendí:

–No se arrodille. La vida es dura y maldita, pero debemos mantenernos erguidos. Eso es lo que nos hace ser personas.

Se turbó y pidió perdón.

Volví a acordarme de Max. Las palabras que me dijo al oído me traspasaron y sólo ahora sentía su quemazón. Tampoco su marcha había sido normal. No dijo, vuelve lo antes posible, como era habitual en él, sino: "Debo irme". Como si le requiriesen en un lugar desagradable. Quise gritarle, no te vayas, quédate conmigo hasta que se te pase la ira. Pero por alguna razón pensé que no tenía derecho a retenerle y le dejé marchar.

Cuando nos acercamos a Steinberg me levanté y dije:

—Debo apearme.

—¿Me deja usted? —abrió sus balbucientes ojos.

—Debo apearme. Hay cosas que se deben hacer cuanto antes.

—Lástima —dijo atemorizada.

Me quité el reloj de la muñeca y le dije:

—Permítame darle este reloj, no es valioso, pero da buena suerte.

Se puso el reloj y empezó a besarme la mano con ímpetu, como demostrándome lo que su boca era capaz de hacer en momentos de excitación.

XXI

Llegué a Steinberg al atardecer. Desde allí a la casa del asesino había cuarenta kilómetros. Me apeé porque necesitaba armarme de valor, descansar y recordar una imagen que se me había borrado de la memoria. Bajé sin emoción y de inmediato entré en la cantina. Había aprendido que las imágenes ocultas se revelan a veces en lugares extraños y descuidados. Me tomé dos copas y al instante vi el rostro del rabino Simmel. Los dos últimos años se había dedicado por completo a la conservación y reencuadernación de los libros. Estudiaba solamente una o dos horas al día y el resto de sus fuerzas las invertía en realizar su tarea en silencio y con gran meticulosidad.

La cantina se quedó vacía y me puse en camino. Tengo en la región varias pensiones secretas donde en su momento me ocultaba y dormía durante varios días seguidos. Es una época en la que nieva mucho, pero ese año sólo helaba. En ese rincón perdido empecé a pisarle los talones al asesino. Allí, en una humilde fonda llamada Schneewittch, un grupo de oficiales retirados organizó hace años una conmemoración. Desde mi habitación podía verlos vanagloriarse y llamarse unos a otros por sus rangos, no por sus nombres. Entonces oí por primera vez el nombre de Nachtigal.

Al principio no le gusté a la dueña de la pensión, pero cuando vio que leía periódicos cambió de parecer y me contó que su marido había caído como un héroe en el este, y que sus dos hijos se habían alistado unos meses antes del final de la guerra y habían perecido en los bombardeos. Desde entonces, cada vez que vuelvo, me cuenta la misma historia. Parece que el dolor se ha acallado, pero ella continúa relatando la historia con forzada monotonía. Hace cinco años llegué con una mujer no especialmente guapa que me había encontrado en el tren, de inmediato cambió de actitud y no volvió a hablarme. Hace un año no pude contenerme y le dije:

–Si mi presencia le molesta, no vendré más.

–No pretendía tal cosa –dijo, y se echó a llorar.

–Entonces, ¿qué quiere de mí?

–No puedo soportar que haya rameras en mi casa.

–No era una ramera, era una viuda –alcé la voz.

–Lo siento –dijo, encogiéndose junto al mostrador.

Desde ese incidente ya no dice "rameras" sino "ciertas mujeres", y está satisfecha por haber conseguido engañarme. No aguanto su verborrea y en más de una ocasión he intentado pasar de largo e ir a otra fonda, pero al instante me acuerdo de la amplia cama, de la gran ventana cubierta por una cortina bordada, de los dos paisajes colgados encima de mi cama, y cambio de opinión. En esa habitación me sumerjo en un profundo sueño, duermo de un tirón y me despierto sólo para comer.

Esa vez, al ver que llegaba solo, se alegró y dijo: "Señor, la habitación le está esperando". Sin demorarme ni dejarme atrapar por su charla, subí a la habitación. Estaba igual que la había dejado un año antes: la cama, el escritorio, el sillón. Me emocioné al ver los objetos ordenados e inertes, tal vez porque pensé que me estaban aguardando.

En la cena se sentó junto a mí un maquinista de tren jubilado. Se tomó varias copas y sus recuerdos se inundaron de nostalgia. Habló de la época en que era un joven soldado, luchaba en el frente oriental y disfrutaba de buena comida, del frío y de la sensación de que él traería la redención al mundo.

–¿Cómo? –pregunté sorprendido.

–Matando judíos. Era una tarea repugnante pero muy urgente. Una tarea que reconfortaba el espíritu. Es cierto que al principio los gritos te hacían dudar, pero poco a poco ibas comprendiendo que estabas realizando una labor importante.

–No todos murieron –dije.

–Se equivoca. Fuimos de pueblo en pueblo y de escondite en escondite, no dejamos a uno con vida. Era una tarea extenuante, una tarea sucia, pero cumplimos con nuestra obligación hasta el final.

También me contó que, cuando cayó prisionero a manos de los rusos, se enteró de que su mujer, a la que amaba y era leal en cuerpo y alma, le había sido infiel durante la guerra, se había acostado con ancianos y jóvenes y había profanado los votos matrimoniales sin ningún pudor. Afortunadamente su cautiverio fue breve, y entonces volvió a su pueblo y la mató sin dilación. En el pueblo estaban convencidos de que la habían asesinado los rusos. "¿Para qué desengañarlos?", dijo en un tono desagradable, "lo importante es que estaba muerta, ¿no? Una mujer infiel está condenada a una muerte violenta. Una muerte violenta es lo que se merece". Una luz amarilla inundó su rostro enrojecido.

XXII

Al día siguiente madrugué y me puse en camino. Sabía que tenía que llegar hasta Weinberg a pie y sin ayuda. La mañana era gris y finos copos de nieve caían sobre las colinas derritiéndose al instante. Había hecho ese camino en más de una ocasión. Allí, en los mercados remotos, había adquirido libros y alhajas, había conocido a gente y me había atrincherado en pensiones, y durante los meses fríos me había arrastrado de pueblo en pueblo como en una pesadilla. En esa ocasión era diferente, como si me hubiese quitado un peso de encima.

Junto a uno de los altos árboles vi a mi madre sentada en su viejo sillón, con un cigarro en la boca, observándome con una mirada inquisitiva. ¿Qué va a ser de ti? Lees mal y escribes con muchas faltas. Al contrario que mi padre, ella pensaba que había que estudiar y conocer bien las grandes obras. Mi negativa a ir al colegio le hacía sufrir. Por aquellos años me dejé arrastrar por mi padre, por sus aventuras y fantasías. Cada noche me sentaba a observar a las células que desde su escondite enviaba a quemar bosques y montes. Los mensajeros volvían de sus misiones cubiertos de polvo, con los ojos ennegrecidos y una chispa de felicidad por la desgracia ajena brillando en su mirada. Así pretendía mi padre liberar a la región de sus sufrimientos.

Desde ese asesinato, mi madre no tomó parte en la actividad política. Si no hubiera sido por algunas amigas de la juventud, se habría hundido en una completa soledad. Se pasaba casi todo el día leyendo. No supe apreciar su nobleza. Yo pensaba que estaba malgastando el tiempo y vengándose de mi padre, y que ya no creía en el cambio social. Su silencio me asfixiaba. Escapaba de casa, vagaba por las calles y me unía a los jóvenes rutenos. En más de una ocasión volvía a casa herido y sangrando. Mi madre me cuidaba en silencio y con paciencia, como si no fuera su hijo indomable sino una criatura de la que había que compadecerse. Cuando mi padre iba a buscarme, sin darle siquiera un beso en la frente para despedirme de ella, corría hacia él como huyendo de un lugar agobiante.

Durante la guerra, los rutenos lo echaron de su escondite y permaneció a la intemperie con su cazadora ajada, cegado por la luz del día. Estuvimos semanas vagando juntos por el campo y pidiendo ayuda a sus amigos. Todos le evitaban o se negaban a abrir la puerta. Por las noches dormíamos en graneros o en cabañas vulnerables. Mi padre no culpaba ni justificaba.

Tras varios años viviendo en escondites oscuros se alegraba de estar de nuevo al sol. A veces nos deteníamos junto a un arroyo y dormíamos una o dos horas. Cuando se despertaba, se movían los músculos de su cara y se dibujaba en sus labios una repentina sonrisa que al instante se distorsionaba.

Esas muecas fugaces tampoco reflejaban desaprobación o rabia. Hacía gestos desdeñosos, también efímeros, que parecían decir, me he equivocado, no he calculado bien. Estaba demasiado ocupado consigo mismo como para hablar conmigo, por tanto yo caminaba a su lado sin perturbar sus pensamientos.

Una mañana pasó un camión y dos alemanes nos detuvieron y nos hicieron subir a base de patadas y golpes. Una vez arriba mi padre dijo: "Se acabó", como si se sintiera aliviado. Yo tenía quince años y entonces me di cuenta por primera vez de que le sacaba una cabeza.

Así llegamos al campo de Nachtigal. Era un campo de trabajo pequeño y cruel donde la gente moría de frío y a causa de los trabajos forzados. Sorprendentemente encontramos allí a mi madre. Llevaba un vestido largo, un jersey gordo y capas de barro pegadas a las botas. Se alegró de vernos y nos habló. Enseguida nos informó de que allí a los comunistas les iba especialmente mal: todos se alejaban de ellos, conspiraban contra ellos y les recordaban sus actos. Los alemanes y los ucranianos golpeaban a diestro y siniestro. Cada día Nachtigal ejecutaba a gente. Al parecer yo era más fuerte que mis padres.

Trabajaba cargando carbón como obrero cualificado. También mi padre trabajaba cargando carbón sin descanso. Sus compañeros de fatigas no olvidaron su pasado y a la menor oportunidad le recordaban que era un fanático que se había unido a los rutenos y los había enviado a las calles judías a robar y saquear. Mi padre guardaba silencio y no contestaba. Una mañana, Nachtigal le disparó porque había llegado tarde a la formación. Mi madre trabajaba en la sastrería y cada noche, corriendo un gran peligro, me llevaba unos pedazos de pan. Le pedí que no lo hiciera, pero no me hizo caso, y una noche también le dispararon junto a la verja.

XXIII

Me alejé de la vía férrea y me dirigí hacia el sur. Antes alquilaba un coche de caballos, bajaba a Steinberg y me quedaba allí unos días. En Steinberg encontré algunos libros raros, de ésos a los que el rabino Simmel llamaba tesoros ocultos. Una vez, en verano, llevé allí a Berta para mostrarle la gran llanura cubierta de maíz. Berta se emocionó y habló con extraña fluidez de su vida errante, una vida sin descanso porque la habían echado de la casa que amaba. Yo estaba fascinado por lo que veían mis ojos y no capté el dolor que había en sus palabras. Estaba seguro de que era una emoción pasajera, pero ella siguió hablando con un creciente patetismo que me lastimó los oídos. Acabé por no creerla. Pensaba que estaba rodeándose de quimeras y cegando su vida con falsas ilusiones. La reprendí: "Nosotros no necesitamos una casa propia, ni arroyos propios, nosotros debemos vivir sin fantasías y en nuestro propio interior". Al parecer comprendió mis palabras, pero no dijo nada. Esa tarde sus ojos estaban hinchados y no volvió a mencionar Zaleszczyki, su ciudad natal.

Al día siguiente, cuando la acompañé al tren, reconocí lo absurdas que habían sido mis palabras y le pedí perdón. "¿Por qué te disculpas?", dijo, "mi debilidad debe ser reprobada. No hay que añorar una ciudad que ha asesinado a sus hijos y a sus hijas. Debo arrancarme la nostalgia del corazón y comprender que ya no tengo ningún lugar estable en el mundo". Esa humildad me abrasó.

Por la noche, en la taberna del Caballo Negro, me encontré con Kron, un buen amigo de mi padre. Había envejecido y su rostro era similar al de los ancianos campesinos que estaban con él alrededor de la mesa. No me reconoció.

–Soy el hijo de Siegelbaum –le dije.

–¿De qué Siegelbaum?

–Del partido.

–¿Del partido? –dijo sorprendido y cerrando los ojos.

–Nos conocimos un 1 de Mayo en casa de Stark –intentaba hacerle recordar.

Sin abrir los ojos hizo un gesto desdeñoso con la mano, pero, cuando mencioné a Rollmann, los abrió y enseguida me di cuenta de que ese nombre había encendido su memoria apagada.

Le invité a una copa. En un momento dado, Kron pretendía emigrar a Australia, pero al parecer no había abandonado la región y se había iniciado su declive. Después de dos copas empezó a hablar de Rollmann, de Stark y de mi padre, de sus años jóvenes en los campos de entrenamiento donde los habían formado. De la guerra y de la traición de los rutenos no habló. De repente puso la cabeza entre las manos y se hundió en un profundo silencio. Esa noche me enteré de que mi madre iba a ser enviada a Moscú para ocupar un alto cargo en el partido, pero alguien puso trabas a aquella leal mujer, me confesó.

Después los recordó uno a uno. Rollmann era el número uno, hizo por el partido más que nadie de la región. Su liderazgo se extendía por Bukowina y Galitzia, y llegaba hasta Polonia. Sólo Stark, su secreto contrincante, llegó a alcanzar el mismo rango. A mi padre lo calificaba de aguerrido, un valiente que sabía alistar tropas y, como Trotsky en su momento, animarlas y acallar su miedo a la muerte. También habló de sí mismo, pero sin elogios. Culpó a su educación religiosa, que había acabado con su imaginación y con su afán de hacer grandes cosas, y a su padre, que le obligaba día y noche a estudiar libros antiguos, apolillados y alejados de la vida real. Cuando hablaba de su juventud, su memoria era clara, pero por alguna razón había olvidado el nombre de su querida madre.

–¿Y adónde te diriges ahora? –me dijo de pronto con una voz juvenil.

–Vuelvo al sur –contesté.

–¡Está bien que vuelvas!

–El sur no es distinto al norte –quise despejarle cualquier duda.

–Es distinto, querido amigo, es distinto –era evidente que estaba ubicado en una geografía diferente.

No hizo más preguntas. Siguió hablando de la abnegación de esos pocos que abandonaron a sus ancianos padres y se fueron lejos para arreglar el mundo. Al principio los rutenos los querían y se enorgullecían de ellos, pero a la hora de la verdad los abandonaron y ellos se unieron a los asesinos. Pronunciaba las palabras en tono pausado, como si estuviera leyendo un libro.

Al parecer, la desesperación no había conseguido hacer mella en él. Me contó con humildad que no podía mantener una habitación, pero que tenía dos fuertes macutos, y que en uno guardaba la comida y en el otro la ropa. En primavera y verano dormía casi siempre en graneros, y en invierno abrían las tabernas hasta muy tarde, a veces incluso hasta el amanecer. Al alba encendía una pequeña hoguera y se preparaba un café.

Quise darle mi abrigo de invierno, pero se negó.

—Es embarazoso para alguien de mi edad aceptar obsequios. Una persona de ochenta y tres años tiene pocas necesidades, y lo importante es no aprovecharse del prójimo, ¿no crees?

XXIV

Después de medianoche subí al tren, me acurruqué junto a la ventanilla y lloré. Hacía años que no lloraba. Me pareció que Kron estaba en la oscuridad diciéndome adiós con la mano. Al igual que mi padre, tenía manos de obrero. El vagón estaba vacío y el rítmico traqueteo no me calmó. El llanto fluía de mi interior como de un cacharro agujereado. Es extraño, la autocompasión me asalta cuando creo que ya la he superado.

Me tomé dos copas, encendí un cigarro y vi la oscuridad cayendo a los pies de los árboles deshojados y la luz surgir en el horizonte. Una fina capa de nieve cubría las cordilleras y un ligero vaho matinal salía de las pequeñas casas de piedra. Ahora puedo apearme, me dije a mí mismo, y me apeé.

Hace años me encontré en la estación con Gobias, el cochero, un hombre alto y taciturno que, sin hacer preguntas y sin hablar, me llevó a Steinberg Alto. Valoré mucho su silencio y durante todos estos años he respetado su reserva. Ahora me alegraba que su coche de caballos no estuviese en el lugar de siempre, así podría hacer el camino a pie.

Según mis cálculos, el tren me había apartado un poco de mi camino, pero a pesar de todo, la distancia hasta Weinberg se había reducido. Quedaban veinticuatro kilómetros. Si me mantenía firme podría recorrerlos en dos días. La zona casi no está habitada, hay algunas casas dispersas por las colinas, y salvo la taberna no tiene ningún encanto. Antes me gustaba sentarme allí, tomar una copa y observar la cara de las campesinas. La forma de beber de las mujeres es diferente a la de los hombres. Al principio charlan, hacen bromas e injurian, luego, después de varias copas, cae sobre ellas una airada pesadumbre, se retiran a un rincón y se acurrucan como animales enfermos, y sólo cuando los hombres vuelven del trabajo, se despiertan y huyen a casa.

En invierno, como de forma espontánea, surge allí el odio contenido hacia los judíos. Basta una palabra para encender la hoguera. Antes los insultos me atemorizaban o me ponían furioso, pero en los últimos años me gusta sentarme a observar a las personas. Una vez se inició una discusión sobre el número de judíos que había en el mundo. Unos opinaban que la mayoría habían sido exterminados y sólo quedaba algún listillo suelto por ahí, pero otros pensaban que se estaban multiplicando rápidamente y que dondequiera que estaban controlaban el poder y el dinero.

El dueño de la taberna se alegró de verme y enseguida me sirvió una copa y un sándwich. Me llamaba "El hombre de Hungría", y por alguna razón creía que yo iba a construir allí una fábrica de ladrillos. Me habló largamente de todo lo que había sucedido en la región durante el último año y, entre otras cosas, me contó que en junio se había organizado una gran fiesta en el exterior de la taberna para conmemorar el cincuenta aniversario de la fundación del regimiento de Steinberg. Habían participado todos los veteranos, las viudas, los hijos y los nietos. Incluso había habido una pequeña orquesta y la fiesta había durado toda la noche.

—¿Y quién fue el encargado de hablar? —le tiré de la lengua.

—El coronel Nachtigal —su respuesta no se hizo esperar.

Cada vez que oigo el nombre de Nachtigal me flojean las manos y temo no poder mantenerme firme en mi empresa. Ese tipo de debilidad es la que siento en mis pesadillas y es la que quiero superar en el viaje a pie que estoy preparando a Weinberg.

—Ese hombre es un insecto —las palabras escaparon de mi boca.

El dueño de la taberna abrió los ojos, los guiñó intencionadamente y dijo:

—Estoy de acuerdo con usted. Todos los taberneros estarán de acuerdo con usted. Noche tras noche se revuelcan por el suelo como cerdos. Tengo que echarlos con mis propias manos. Tan sólo en la calle, con el frío, se despiertan y se van a gatas a casa. Y así noche tras noche.

—¿Y no tienen arreglo?

—El hombre es un monstruo, ¿no lo sabía?

Esa frase burda me trajo a la memoria la cara de mi padre. Él solía decir: "Las circunstancias corrompen, la explotación corrompe. Aparta esos escollos y descubrirás al hombre en toda su grandeza". Ni siquiera en el campo de trabajo, humillado y despreciado, renegó de sus creencias. En una ocasión, cuando dijo, "Ni siguiera en el infierno renegaré de mi fe en el hombre", se acercó a él uno de los prisioneros, uno de los vándalos, le dio una bofetada y le recordó que su fábrica de ladrillos había sido incendiada por los comunistas.

XXV

Permanecí allí unas dos horas y me puse en camino. Nevaba y arreciaba el frío, pero decidí que iría andando. Un asesinato no es algo baladí, y debía prepararme. Avancé unos dos kilómetros, en el monte desenfundé la pistola, coloqué una diana y disparé un cargador entero. Las detonaciones fueron fuertes y me alegré de mi buena puntería.

En ese punto he recorrido cada año tres cuartos del camino, y allí me permito avanzar despacio, comer copiosamente y prepararme para el último cuarto. Pero en esa ocasión tenía otro talante: como si adivinase que no volvería allí nunca más.

Según mis datos, Nachtigal tenía ahora setenta y dos años. Estaba casado pero no tenía hijos. Durante la guerra su mujer se encargaba de enviar ropa de abrigo al frente. Nachtigal volvió varias veces de Lvov por vacaciones. No se llevó a su mujer al este. Empezó su carrera en Bukowina, se trasladó a Galitzia y terminó su servicio en Polonia. En todos esos lugares estuvo encargado de los campos de trabajo. A los débiles e inútiles los mataba, y a los fuertes y cualificados los mantenía durante un tiempo bajo su vigilancia, los pegaba y maltrataba hasta que se debilitaban y morían y otros eran enviados para reemplazarlos. Por su dedicación y entrega a la causa fue ascendido y recibió varias condecoraciones.

Tras la guerra escapó a Uruguay y vivió allí con los oficiales huidos, y en el 68 volvió y se instaló en la región de Zwieren. Cambiaba con frecuencia de casa. Tenía tres a su disposición, una propia y dos heredadas. Al principio contrató a varios guardianes para que vigilaran su vivienda. Tras la muerte de su esposa dejó de tener miedo, se instaló en Steinberg y al final se compró una casa nueva en la región donde había pasado su infancia, en el hermoso Weinberg.

El cielo estaba encapotado y nevaba sin parar. Sentí que si seguía por ese largo y frío camino se me congelarían los pies y no llegaría a Weinberg. Subí al tren ómnibus, al que todos llamaban el tren pequeño, y al instante me acurruqué junto a la ventana.

El camino y la tensión me habían agotado y cerré los ojos. Volvía a estar con mi padre, arrastrado de cabaña en cabaña y completamente empapado de la lengua rutena. Las palabras en ruteno me traían a la memoria los jergones de paja donde me dejaba mi padre por la noche. Hacía años que una palabra en ruteno no salía de mi boca, y, a pesar de todo esa lengua se ramificaba dentro de mí hasta la punta de los pies. Todos los productos lácteos, todos los tipos de pan y de bebidas revivían al oír una sola palabra. Ni siquiera durmiendo olvidaba que los rutenos habían pisoteado la lealtad de mi padre, sin embargo en sueños todo era distinto. Incluso una palabra hostil me alegraba y volvía a estar con mi padre como si nunca nos hubiésemos separado.

Me desperté asustado y me acerqué a la cafetería. En esa época del año la cafetería está repleta de borrachos que se revuelcan en sus fantasías y rememoran los días en que estaban en el ejército, devoraban latas de conservas y recorrían en moto las estepas rusas para conquistar el mundo. Pero en esa ocasión la cafetería estaba vacía. El camarero, a quien le habían amputado las dos piernas durante la guerra, me preparó enseguida un sándwich.

Después se sentó a mi lado. Durante la guerra había servido algún tiempo en Czernowitz, se había trasladado a Galitzia y había terminado su servicio en Polonia. Al acabar la guerra intentó escapar de prisión, pero el frío era tan intenso que se le congelaron las piernas y se gangrenaron, y si no hubiese sido por una anciana ucraniana que le llevó al hospital, quién sabe si hubiera seguido con vida. Le pregunté si había tenido ocasión de encontrarse en su camino con Nachtigal. Sorprendentemente me contó muchos detalles respecto a él: había estado a sus órdenes algún tiempo y le había visto trabajar: un profesional.

–¿Qué hacía ese profesional? –pregunté.

–Tenía una fe ciega en que el exterminio de los judíos aliviaría al mundo –respondió lisa y llanamente.

–¿También tú?

–Por supuesto. Sin fe no se asesina –sus ojos azules me miraron directamente. No había arrepentimiento en su corazón, al contrario, los años y el sufrimiento no habían hecho más que fortalecer su fe.

–No se debe asesinar –dije, sobreponiéndome y alzando la voz.

–Es cierto. Pero a los judíos había que matarlos.

Si no hubiese sido un inválido, le habría agarrado por el cuello y le habría estrangulado. No había nadie en la cafetería, sólo él y yo, pero su cercanía me dejó petrificado. A pesar de tener la lengua paralizada, conseguí sobreponerme y gritar:

–No hay justificación posible, asesino.

–No me estoy justificando, estoy hablando del quid de la cuestión. El exterminio de los judíos era una gran misión, una misión histórica. Nadie podía vencerles, lo dominaban todo, sólo los alemanes junto con los austriacos pudieron hacerlo. Era urgente tomar una decisión firme, una decisión valiente, una decisión sin titubeos, y se necesitaba mucha precisión.

–Cierra la boca –le agarré del cuello.

–Soy un tullido y no tengo más remedio que acatar tus órdenes.

–Eres un asesino –grité.

–No soy un asesino. Hice lo que me mandaron.

Le golpeé en la cara. Se asustó pero no pidió ayuda. Tenía el rostro gélido, como momificado.

–No tendré contemplaciones contigo, con un asesino no hay contemplaciones que valgan.

–No estoy pidiendo compasión, odio la compasión –farfulló.

–No te he golpeado por lo que hiciste. Por lo que hiciste tendría que matarte. Te he golpeado por lo que piensas. Si fuera más valiente y me pareciera en algo a ti, te aniquilaría sin dudarlo.

No reaccionó y yo seguí gritando y amenazando, y a medida que gritaba iban debilitándose mis manos y extendiéndose por mi cuerpo una especie de flojedad. Como no tenía otras palabras, volví a llamarle asesino, abominable asesino. Las palabras salían de mi boca sin sonido, el ruido de las ruedas me ensordecía. Cuando el tren llegó a la estación, me dirigí hacia la puerta y desde allí le amenacé:

–Tampoco hay perdón para los inválidos.

Mientras tanto se detuvo el tren, bajé rápidamente y me alejé de allí.

Sólo cuando estuve a cierta distancia de las vías sentí que las amenazas que había proferido no eran auténticas. Estaban llenas de torpeza, de palabras superfluas y de temor. Y, como después de cualquier fracaso, sentí que mi cuerpo no estaba limpio, que estaba sin afeitar y que mi ropa desprendía un tufillo grasiento. Me quedé parado. Era el camino de Weinberg y lo conocía bien. Resultaba difícil equivocarse: altos árboles plantados a lo largo tapaban las casas bajas. Y a pesar de todo tenía la sensación de que no había llegado allí por mis propios medios, sino que una pesadilla me había ido empujando de túnel en túnel, a través de largos vagones, cafeterías horrendas y contenedores con rejas donde unos caballos permanecían atados con una paciencia aterradora.

XXVI

Quedaban dos kilómetros y medio hasta Weinberg, pero antes de subir al pueblo tenía que visitar a Lotte, la prima del rabino Simmel. Después de la guerra volvió a su pueblo natal y se encontró con que el cementerio había sido asaltado, las lápidas profanadas y la hierba cubría las tumbas. De inmediato alquiló una pequeña casa cerca del cementerio y comenzó a arreglarlo y a restaurarlo. Al igual que su anciano primo, no volvió a salir del pueblo.

Con el paso de los años su rostro había ido cambiando y ahora tenía el aspecto de una campesina: baja y fuerte, con la frente morena y parca en palabras. Cuando aparezco en la puerta, retrocede y una sonrisa balbuciente sobresalta su rostro.

—¿Qué tal estás, Lotte? —pregunté.

—Bien —dijo, y su sonrisa se volvió más balbuciente aún.

—Hace mucho frío en Steinberg —dije.

—Aquí también hace frío.

Así aproximadamente empiezan y terminan nuestras conversaciones. Es difícil sacarle una palabra. A veces, si se lo pido, me enseña el cementerio. El terreno está lleno de flores y parece un rincón exótico.

–¿Qué tal está mi primo? –esa vez me sorprendió.

Me quedé sin respiración, pero enseguida me recuperé y mentí:

–Estupendamente.

–¿Aceptarías un vaso de té?

–Con mucho gusto.

Se fue a prepararme el té y yo inspeccioné la casa. Era una vieja casa de pueblo con un techo bajo de gruesas vigas que se tocaban con la cabeza. Era sólo una habitación cuadrada con un viejo horno de ladrillo en el centro y a cierta distancia una mesa de madera, dos bancos y una vieja cómoda a un lado. Al parecer eran todas sus pertenencias.

Antes me hablaba del huerto, de la vaca Lili, de su buen carácter y de la leche tan buena que daba. Si me presentaba a finales del verano, me preparaba un pequeño paquete con pepinos y tomates. Con el paso de los años las palabras se han ido consumiendo en su boca y el contacto con los demás es aún más escaso de lo que era.

Cuando me sirvió el vaso de té, dije: "Muchas gracias", pero no reaccionó. Me di cuenta de que mi presencia no le resultaba cómoda. Estaba encogida enfrente de mí sin decir una palabra. Si no hubiese sido tan hermética le habría hablado de la muerte de su anciano primo. Me resulta difícil evaluar las reacciones de la gente poco habladora. Temía un ataque repentino y no le conté nada. Afortunadamente no siguió preguntando y me alegró que no lo hiciera.

Hace un año se quejó de que unos vándalos habían derribado la tapia y habían profanado las lápidas. Estaba muy furiosa, y se notaba que si alguno irrumpía en su terrero no dudaría en atacarle con un hacha.

–¿Y cómo están los vecinos este año? –pregunté con prudencia.

–Bien –dijo. Por entonces tenía sesenta y seis años, pero no lo parecía. Tenía los pies en el suelo.

Luego, como sin venir a cuento, me contó que en primavera Lili se había puesto enferma, se había doblegado y se negaba a ponerse en pie. Temió por su vida y llamó al veterinario. La examinó y sentenció al instante que tenía una grave enfermedad infecciosa y había que sacrificarla inmediatamente. Suplicó, pero sus súplicas no sirvieron de nada. El veterinario ordenó a los inspectores ejecutar la sentencia. Esa misma noche Lili murió. Al día siguiente, cuando los inspectores fueron a matarla, sólo encontraron su cadáver.

–Fue un milagro, ¿no crees? –la sonrisa balbuciente volvió a su rostro.

–Así es –dije improvisadamente.

–Si hubiesen venido a sacrificarla no les hubiese dejado. Un animal debe morir en el lugar donde solía vivir. No se le debe sacrificar con otros animales –su voz temblaba.

–Tienes razón –ratifiqué.

–Los veterinarios son personas crueles, no hay que hacerles caso –dijo, y se echó a llorar.

–A Lili le ocurrió un milagro –dije intentando consolarla–. Se fue tranquila y sin sufrimientos innecesarios.

–Sufrió –me interrumpió–, sufrió mucho.

–Pero no la mataron los criminales.

–Tienes razón. Fuimos amigas durante muchos años. Me resulta difícil vivir sin ella. En verano íbamos juntas al prado –cierto asombro se agitaba en su cara, como si hubiera comprendido algo que no sabía hasta ese momento. Su boca se cerró de pronto y no añadió nada más. El mismo balbuceo hermético que me había recibido al llegar a su casa cubrió su rostro.

XXVII

Llegué a Weinberg al atardecer. Estaba cansado y me temblaban las manos, enseguida fui al kiosco y pedí una limonada. El líquido dulce repuso un poco mis fuerzas, pero no me quitó el mareo. Las imágenes de los últimos días y la visita a casa de Lotte aún estaban pegadas a mí. Por un instante me pareció que el camarero, el hombre que tenía amputadas las piernas y al que había pegado en la cara, estaba al final del camino con sus muletas e intentaba alcanzarme. Lotte no me acompañó hasta la puerta. Le dije adiós y no me contestó.

Me quedé junto al kiosco y seguí con la vista los movimientos de los clientes. Eran personas de edad en cuyos modales comedidos se percibía una calma pueblerina. Conocía bien Weinberg. Ahora me parecía más tranquilo. Recordé que después del mercado del martes quitan los tablones, recogen la basura y, con dos grandes carros enganchados a dos bueyes, se lo llevan todo fuera del pueblo. Varias veces fui testigo de ese desmantelamiento.

Me quité el abrigo y enseguida noté el frío en la espalda. El invierno se adelanta allí. A finales de noviembre ya nieva y las cimas de las montañas se cubren de un manto blando. La blancura adquiere distintas tonalidades, amarillea y al final permanece así hasta marzo.

–Buenas tardes –me saludó uno de los ancianos de repente.

–Muy buenas –contesté como era usual allí.

–Este año el invierno se ha adelantado y el frío penetra hasta los huesos. Cuando era joven me gustaba la nieve, pero ahora es mi enemigo –me habló como a un viejo conocido y me hizo partícipe de su estado de ánimo.

–Y no es el punto y final –dije, alegrándome de haber encontrado las palabras apropiadas.

–Este frío no nos dará tregua –dijo el anciano con voz clara–, un frío así no pasa, sólo arrecia.

–¿Y perjudicará a los árboles? –pregunté por alguna razón.

–En absoluto. Los árboles necesitan su ración de frío, eso los fortalece. Los frutos en verano serán dulces como la miel.

–Gracias –dije, y me dispuse a seguir mi camino.

El anciano quería continuar con la conversación, pero, al ver que me daba la vuelta, hizo un gesto con su bastón, como un maestro señalando un punto lejano, y dijo:

–Allí había una taberna donde servían coñac francés.

Se puso el sol y calló la tarde cubriéndose de luz violeta. De las casas bajas dispersas por las montañas salía un humo fluido que me trajo a la memoria los días en que mi padre y mi madre estaban vivos y yo iba de uno a otro como un animal indefenso. Cuando estaba a cargo de mi padre era todo suyo, y también cuando no estaba a su cargo quería estar con él, pero en los últimos años empecé a percibir cada vez más el mutismo de mi madre. En ocasiones me parecía que su desesperación, purificada, se había convertido en una nueva fe. Mi padre era más práctico. Su fe y su pragmatismo se encontraban en el mismo paquete, y hasta el último día de su vida se negó a desatarlo. Han pasado años y, pese a todo, parece que no nos hayamos separado nunca.

Estaba muy cerca de la casa de Nachtigal. La casa se encontraba a los pies de una montaña y estaba rodeada por una explanada ahora cubierta de nieve blanca. No destacaba ni tenía un aspecto amenazante. La fachada era austera e indiferente. A decir verdad, así eran todas las casas de los alrededores.

Vi a una mujer que bajaba de lo alto de la colina y se dirigía al centro del pueblo. Era una mujer baja, de unos cuarenta años, con un sombrero de lana y un abrigo como los que llevaban las mujeres de Czernowitz antes de la guerra.

–Perdone –me dirigí a ella–, ¿dónde está la casa del señor Nachtigal?

–A lo mejor se refiere a la casa del nuevo vecino, está ahí, delante de usted.

–Gracias –dije sin moverme.

Cayó la noche y en las casas se encendieron las luces. El bosque de los alrededores era espeso y pude encontrar fácilmente un escondite y un puesto de vigilancia, pero por alguna razón me quedé fascinado contemplando el atardecer. Esa atardecer me recordaba otro en un bosque junto a Czernowitz.

Tenía cuatro años, mi madre me llevaba de la mano y nos abrimos paso entre la espesura. Al día siguiente me iban a operar de las amígdalas y, por supuesto, tenía miedo. Mi madre me volvió a asegurar que era una operación sencilla y no sentiría nada. Cuando le pregunté otra vez cómo me sacarían las amígdalas inflamadas de la garganta, me contestó con una voz que ya no volvió a ella: "Es muy fácil, es como sacar el hueso de una ciruela". La voz y el atardecer se mezclaron, me fascinaron y me quitaron el miedo. Volví a casa feliz, me tomé un cacao y repetí en voz alta lo que mi madre me había dicho: "Es fácil, es como sacar el hueso de una ciruela". Pasado un tiempo pude oír que se había arrepentido de haber dicho esa mentirijilla.

XXVIII

Ahora la oscuridad era absoluta, las escasas y débiles luces que salían por las ventanas sólo reforzaban la oscuridad de alrededor. Sentí el frío bajo los pies, pero sabía que podría aguantar muchas horas. Desde muy joven, desde la época errante con mi padre, me ha acompañado el frío. A veces me ha hecho sufrir, pero no me ha matado como hizo con muchos en el campo de trabajo.

Volví a acordarme del camarero con las piernas amputadas, de su cara delgada y dura, del alemán que salía de su boca. No hablaba como un lugareño sino como en las pequeñas ciudades de Austria, donde el acento es fuerte y bastante artificial. Al contrario que yo, hablaba de forma fluida, rápida y sin tropiezos. Me arrepentí de mi balbuceo, de mis inexactas palabras y de mis estúpidas repeticiones, y sobre todo de haberme ido tan rápidamente del vagón, como huyendo. Tendría que haber dado un escarmiento a esa boca que espetó "una gran misión", pero me quedé paralizado, confuso y dubitativo.

En la casa de Nachtigal no había luz. Sentí como si los temores que me habían angustiado durante las últimas semanas se hubiesen desvanecido. Al igual que cuando era joven, estaba dispuesto a sufrir, pero no sabía de qué clase de sufrimiento se trataba. Me imaginé con el agua al cuello y buscando refugio en las casas de los campesinos, como mi padre.

Para no despertar sospechas bajé a pasear a lo largo del río. En momentos de exaltación, normalmente después de dos o tres copas, el agente comercial Murcsik hablaba acaloradamente sobre la obligación de los judíos de ajusticiar a los asesinos y librar al mundo de sus crímenes. Y en una ocasión incluso me dijo que una persona religiosa, y los judíos habían traído la verdadera religión al mundo, tenía la obligación de ejecutar la sentencia. Esas palabras, que repitió en muchos idiomas, me sonaron pomposas y desagradables, y por otra parte sospechaba que pretendía adularme para que le pagara más.

El tiempo transcurría lentamente, el centro se cerró y sólo permanecía abierta la taberna. El movimiento por los caminos cesó, y los pocos que subían por la colina eran hombres de mediana edad que se dirigían directamente a la taberna. También yo quería ir y tomarme una copa. Una copa anima y hace olvidar el miedo, pero me contuve y no abandoné la vigilancia.

Hace un año por esas mismas fechas estuve unos días en una pensión cerca de Weinberg. Entonces, dar caza a Nachtigal me parecía un anhelo lejano, como si no tuviese nada que ver con mi vida presente sino con mi vejez. Dormí durante varios días seguidos unido a mis latentes recuerdos de infancia y contento con el poco dinero que había sumado a mis ahorros. Pero, cuando dejé la zona y me dirigí hacia el sur, supe que si volvía aquí no lo haría como antes. Por supuesto en ese momento no me imaginaba que Nachtigal decidiría salir de su escondite y comprarse una casa en la región. Al enterarme de que se movía libremente tuve claro que no podía zafarme de mi obligación.

En su momento quise pedirle consejo al rabino Simmel, pero en los últimos años estaba tan ocupado preparando los libros que no me atreví a echarle ese peso encima. Es decir, tan sólo antes de morir le hice partícipe de mi secreto. De hecho creo que pedir consejo conlleva cierto reparto de la carga, y por tanto tampoco se lo pedí a Max. Algo así hay que hacerlo por propia iniciativa.

Es extraño que fuera precisamente a Berta a quien le insinuara que tenía intención de atentar contra Nachtigal. Al parecer la insinuación fue tan velada que no la captó. También había una razón práctica: quería dejar en su casa mi escaso dinero en efectivo, mi libreta de ahorros y algunas fotografías familiares. Alguien que va a cometer un acto así debe tener en cuenta que puede resultar herido y tal vez incluso muerto. Me daba pena que los pocos bienes que había atesorado a lo largo de los años fuesen a parar tras mi muerte a alguna comisaría de policía local, y allí lo clasificasen y ordenasen todo y al final quemasen la ropa, como se hacía allí. Quise escribir una nota: El dinero en efectivo, los objetos de la maleta y los ahorros de la cuenta de Sandberg pertenecen a Berta Kranz. Por supuesto, ella se presentará en una comisaría de policía. Con respecto a la muerte de Nachtigal, toda la responsabilidad es mía. Quise escribir todo eso, pero enseguida me di cuenta de lo absurdo que era.

Poco a poco las luces se fueron apagando en las casas y sólo la taberna permanecía iluminada. Los sonidos fueron enmudeciendo, y si no hubiese sido por algunas aves rapaces que serraban el aire con sus chillidos, el silencio se podría haber cortado.

El frío había penetrado en mis dedos y estaba trepando hacia arriba. No me encontraba cansado ni débil, mis sentidos estaban alerta y mi memoria clara, y a pesar de todo tenía la sensación de que esas sombras que me habían perseguido durante tantos años atormentando mi sueño e impidiéndome avanzar, esas sombras venenosas habían logrado al final empujarme hasta esa trampa. Viejos miedos, miedos que ya no me incomodaban, volvieron a estremecerme. Me levanté y moví las piernas con fuerza. Esos pisotones, que no duraron más que unos cuantos minutos, ahuyentaron el miedo.

Después sólo pensé en Max, en nuestra amistad y en lo unido a él que me sentía. Intenté recordar cómo y cuándo le había conocido, pero no pude. Ese hombre práctico que levantó de la nada una red de tiendas, un restaurante y muchas más cosas, que cuidaba de decenas de personas, llevaba la contabilidad de todo, tenía relación con bancos y entidades financieras, ayudaba a la gente a escondidas y cuidaba al rabino Simmel como a la niña de sus ojos, ese hombre maravilloso llevaba años aterrado. A veces me parecía que su vida transcurría siguiendo unas marcas que él mismo había puesto en lugares lejanos y que, en realidad, eran quienes dirigían su vida.

Ahora sentía que también él estaba en peligro. Sabía que tenía varias habitaciones fortificadas y bastantes pistolas, pero por algún motivo me parecía que había sido atrapado en la tienda por la mañana, junto a las dependientas. Ellas intentaban avisar a los vigilantes que estaban en la calle, pero no lo conseguían. "¡Dios mío, ayúdale!", grité, y me libré de esa pesadilla.

XXIX

Permanecí horas de pie. Cuando me sobrepuse estaba aterido de frío. Me sorprendió haberme dejado llevar tan fácilmente por mi estado de ánimo. Recordé que un pensamiento me había mantenido todo el rato ocupado, un pensamiento ardiente que había estado dentro de mí durante toda la noche y que al final había tocado un nervio doloroso, pero no sabía de qué pensamiento se trataba ni adónde conducía. El frío dominaba todo mi cuerpo e intenté vencerlo.

Empezó a despuntar el día y los ladridos de los perros cesaron. Grandes bloques de oscuridad caían de los árboles. El dolor se propagó por mi cuerpo. Conocía ese dolor desde que era joven y estaba contento por haber conseguido mantenerme toda la noche vigilante, sin dormirme.

Y mientras iba clareando vi que un hombre se acercaba a mí. Caminaba despacio con un macuto al hombro y apoyándose en un bastón. Me pareció un lechero que se había levantado temprano, pero como no llevaba nada en la mano me imaginé que era un repartidor de periódicos. Me levanté y le seguí con la mirada. Andaba como un anciano, le costaba respirar y se detenía cada pocos pasos. Al acercarse vi que el macuto no estaba lleno, y sin embargo le pesaba. Iba encorvado y con la cabeza inclinada. Entonces me pareció que se dirigía al centro comercial, pero sorprendentemente se encaminó hacia la casa de Nachtigal.

Sin perder tiempo bajé, me acerqué a él y dije:

—Buenos días, coronel Nachtigal.

—Muy buenas —contestó, mostrando una boca desdentada.

—Le doy la bienvenida en nombre de los vecinos.

—Gracias —dijo.

—Estamos muy orgullosos de usted —las palabras salieron de mi boca como si me las hubiese aprendido de memoria.

—Me cuesta caminar —dijo, abriendo la boca sin aliento.

—Pero si camina usted como un veterano soldado.

El anciano sonrió, me miró perplejo y preguntó:

—¿Dónde se puede comprar leche aquí?

—En la tienda de ultramarinos, arriba, allí encontrará todos los productos lácteos que quiera —intenté parecer un lugareño.

—Todo ha cambiado aquí —dijo.

—¿Cómo, señor?

—Todo esto pertenecía a la hacienda de mi padre. Mi hermano mayor, que en paz descanse, era un despilfarrador y vendió la hacienda por cuatro perras. Yo estaba en la guerra y no pude ocuparme de los negocios familiares.

—Aquí se recuerda su servicio con orgullo.

—¡Bueno! —dijo, hizo un gesto desdeñoso, y tragó saliva.

—¿Cuándo se va a venir a vivir con nosotros?

–Pronto, por ahora estoy en casa de mi primo Fritz. Tiene ocho años más que yo y le cuesta mucho andar por la mañana.

–Pero usted camina muy bien.

–No como antes –dijo, mientras algo de vigor volvía a su rostro. Se apoyó en su bastón como si se dispusiese a marcharse, pero cambió de idea y añadió–: a un cuerpo viejo le cuesta soportar el frío.

–Es una casa bonita –dije.

–Desde que murió mi esposa la vida ha dejado de tener sentido.

–No hay que tirar la toalla –dije lo que se solía decir por allí.

–Es cierto, pero hay días en que no se tienen ganas de nada.

–Eso no les ocurre a los soldados veteranos.

–Un soldado veterano también es una persona, ¿no cree? También él envejece y es desdichado –dijo sonriendo, y enseguida añadió–: llevaba años queriendo volver al paisaje de mi infancia. Estaba seguro de que pasaríamos nuestros últimos días juntos, pero mi esposa falleció de repente y me dejó solo. ¿Qué sentido tiene una casa nueva si no hay con quién hablar? Las paredes pueden sacar a una persona de sus casillas.

–Coronel Nachtigal, sus subordinados vendrán a visitarle, ¿no?

–Hoy día uno se olvida hasta de su padre y de su madre.

–Pero no de su comandante.

Al parecer no esperaba un cumplido así, me lanzó una mirada melancólica y dijo:

–Así será.

En ese instante era difícil imaginar que ese hombre llevara antes uniforme, gritara, maltratara y disparara a las personas como a perros sarnosos. Se sentía completamente desgraciado y era evidente que ningún cumplido podía aligerarle esa carga.

–¿Cuántos años lleva viviendo aquí? –me preguntó de pronto.

–Muchos.

–Yo, muy a mi pesar, tuve que alejarme, y no por mi culpa, de este lugar –las ligeras torsiones de esa frase ponían de manifiesto que ese hombre aún no había dado rienda suelta a sus pensamientos.

–Esta tierra es muy querida para todos nosotros –intenté darle un tono sentimental a mis palabras.

–Señor –alzó la vista hacia mí–, estas regiones son la verdadera Austria, el resto lo han echado a perder.

–Es cierto –ratifiqué.

–Como solíamos decir en el instituto, *mens sana in córpore sano*, ¿no cree? –se rió. Era una risa de anciano cuya memoria se va debilitando y se alegra de cada detalle que recuerda.

Me desconcertó mi sangre fría, pero pese a todo no desistí y dije:

–No todo salió bien, pero no perdimos la guerra.

–Pienso lo mismo que usted –sentenció.

–Entonces, ¿de dónde procede tanto derrotismo?

–De América. Todas las cosas malas vienen de América. Todos los desechos humanos se reúnen allí, y todas las ideas enfermizas vienen de allí –esas pocas frases le hicieron erguirse y al instante se pudo apreciar que ese hombre, de joven, había servido en el ejército–. Necesito leche. ¿Dónde está la tienda? –recordó.

–Justo en la cima de la colina.

–Antes la gente tenía establos y vacas. Ahora todo es cartón –dijo, moviendo la mano en señal de despedida.

Si no hubiera sido por ese gesto tal vez no le habría herido, pero ese gesto, más que todo lo que había dicho, me recordó la cordial relación de Nachtigal con sus jóvenes subordinados en el campo y cómo les influyó esa amistad. Les cuidaba como un padre o un hermano mayor, y en poco tiempo los convirtió en seres tan crueles como él.

Él se alejó y yo abrí la maleta, saqué la pistola y la dirigí directamente a su espalda. El primer disparó le hirió, pero no se tambaleó. El segundo le hizo caer con los brazos extendidos. Volví a enfundar la pistola, la dejé en la maleta y a paso ligero me alejé del lugar.

Conocía bien el bosque de la época en que me servía del atajo entre Steinberg y Weinberg. Era completamente de día, y en la carretera principal no se oían ni gritos ni sirenas. Me abrí paso sin esfuerzo. Mis brazos y mis piernas actuaban al unísono, pero mi cabeza estaba vacía, como después de una noche de borrachera.

XXX

Llegué a tiempo a la estación. El expreso se detendría sólo en el lejano Salzstein, y era mejor así. Cuanto más se alejase, mejor para mí. Las frías luces de la mañana llenaban la estación y la gente permanecía junto a la ventanilla comprando billetes. Estaban en silencio y tranquilos. Tampoco yo tenía miedo. Compré un billete y entré directamente en el tren. En la cafetería hacía calor y el camarero me sirvió café y tostadas.

Antes Weinberg era una de las últimas paradas de mi viaje. Me atrincheraba en una pensión y dormía varios días seguidos. Hace cinco años empezaron a organizar fiestas en las pensiones, o conmemoraciones, como las llaman allí, se emborrachaban, cantaban y rememoraban la juventud y la guerra. Yo no podía soportar tanta nostalgia y me dirigía hacia el sur. El desprecio era más fuerte en mí que la sensación de tener un deber que cumplir. Sólo cuando me enteré de que Nachtigal pululaba por los alrededores me obligué a quedarme. Una vez volví a mediados del invierno a ver a Stark. Se alegró mucho y pasamos varias noches leyendo *El Kuzari*. Él leía con emoción, explicaba y hacía comentarios citando diversas fuentes. No había duda de que ese hombre no era de este mundo y había vuelvo a nosotros por error.

Ahora también ese capítulo se había cerrado. Por supuesto, me había imaginado el asesinato de otra forma. Estaba seguro de que inmediatamente después me matarían o al menos resultaría herido, de que la gente furiosa me arrastraría por los caminos y poco a poco me desangraría hasta perecer. El hecho de estar vivo, sentado en el tren y untando mantequilla en la tostada, me producía la extraña certeza de que los temores eran infundados, de que dentro de unas horas acabaría la pesadilla y volvería a mi vida cotidiana. Pensar que en unas horas el tren se detendría en Salzstein borraba de mis ojos las imágenes de la mañana y me traía otras de años pasados, de cuando llegaba gente de todas partes a la cabaña de Stark y el yiddish se oía entre los árboles como antaño en las ciudades habitadas por judíos. Por un momento me pareció que también Stark había vuelto a una nueva vida y estaba junto a la puerta recibiéndolos con una sonrisa. Si Stark estaba vivo, todos estaban vivos, también Gisy, y yo tenía un sándwich asegurado, uno de esos sándwiches finos que nadie podía olvidar fácilmente.

Me tomé dos vasos de café. El líquido penetró en mis miembros y el frío que se había atrincherado en mi cuerpo se desvaneció. La fría luz de la mañana permanecía fuera, y en el vagón sólo entraban los cálidos rayos del sol.

Mientras estaba sentado pensando en la ruta anual que de repente se había quebrado, se acercó a mí un hombre bajo con un largo abrigo de invierno.

—Seguramente no te acuerdas de mí —dijo en nuestra lengua.

Enseguida me di cuenta de que era uno de mis contrincantes, y no me alegré de verle.

–¿Dónde nos hemos visto? –pregunté.

Enumeró los lugares, pero yo no me acordaba.

–Llevo años queriendo aprender de ti, pero no lo he conseguido. Siempre te adelantas. Ahora he decidido dejar esta región y emigrar a Israel. No voy a negar que emigro porque no me queda más remedio: las fuentes de ingresos se han agotado por completo y en los trenes hay hostilidad hacia mí, es mejor estar entre judíos desagradables que entre antisemitas.

–¿Te resulta duro abandonar la zona? –le pregunté.

–No hay nada que me ate a este lugar y, salvo esta ruta que recorro una o dos veces al año, no tengo nada. Y a pesar de todo me cuesta dejar esta nada –dijo con una leve risa, la risa de un hombre herido. Y añadió–: Antes este trajín me resultaba duro, pero ahora no puedo prescindir de él.

–¿Hace mucho que quieres emigrar a Israel?

–Te diré la verdad: no había pensado emigrar a Israel. La aglomeración de judíos me deprime, me agobia, pero ¿qué puedo hacer?, ¿adónde puedo ir? No hay que censurar al que actúa bajo presión, eso decíamos nosotros, ¿vosotros también?

El aspecto del hombre era lastimoso, y también lo que se desprendía de sus palabras, pero en ese momento, por alguna razón, sentí que era como un hermano, un hermano al que había ignorado durante años y ahora aparecía y decía de repente, soy tu hermano, no me ignores.

–Me alegro de verte –dije.

–Puedes estar orgulloso de lo que has logrado –dijo alzando la voz–, no todo el mundo consigue hacer lo que tú has hecho.

–¿Qué he hecho? –me asusté.

–¿Qué quieres decir?, has descubiertos todas las alhajas judías, muchos manuscritos y libros, todo lo que llevaba años oculto en sótanos y desvanes lo has sacado a la luz. El pueblo judío no olvidará esa contribución.

–Lo he vendido todo.

–También yo lo habría vendido, pero yo no tenía qué vender. Yo sólo he encontrado sobras, bagatelas. Tú has encontrado lo fundamental. Tus adquisiciones están ordenadas en casa de Max, y llegado el día formarán parte del archivo histórico del pueblo judío. El pueblo judío no es polvo, es el pueblo del libro y lucha por sus objetos de valor.

A medida que hablaba se iba poniendo de manifiesto su infortunio. Quise gritar, cierra la boca y no remuevas cielo y tierra. Tus palabras me producen escalofríos. No eres un ser humano, eres un trasto viejo. Al parecer percibió la rabia que me quemaba por dentro y, sin decir nada, se hizo a un lado, se fue al vagón contiguo y desapareció de mi vista. Yo estaba tan cansado que me sumergí en un profundo sueño.

XXXI

Dormí muchas horas. Cuando me desperté ya se había puesto el sol y el tren había acelerado la marcha. Al principio creí que estaba volviendo a Weinberg, pero enseguida me di cuenta de que ése no era el confortable tren de Weinberg, el que lleva a los turistas a las pensiones y a las estaciones de esquí, sino un expreso normal que traía a los obreros desde el norte de vuelta a casa y al largo paro invernal. La cafetería estaba llena, la gente bebía, charlaba y maldecía a sus jefes y las empresas famosas.

¿Por qué estoy viajando en dirección contraria?, me pregunté. Ahora me parecía que había olvidado en Grünwald un paquete con manuscritos, un paquete que había adquirido con mucho esfuerzo y que iba a enviar a Max. Una mujer no especialmente guapa me había arrastrado a una pensión y yo, completamente confuso, había olvidado ese importante paquete en la cantina. Intenté compadecerme de mí mismo y me dije que el dueño de la cantina no sabía hebreo y por tanto no comprendería la importancia del hallazgo. Por alguna razón me acordé de mi contrincante y de su lamentable estado. No recordaba lo que me había dicho, y me parecía que volvía, me culpaba de algo grave, me insultaba y amenazaba con delatarme. Una vieja ira, contenida durante mucho tiempo, se desbordó y me inundó. Me prometí a mí mismo que si me encontraba con él no tendría piedad y le cerraría la boca.

Afortunadamente el expreso se detuvo, y al ver el conocido letrero y el andén me calmé. Era como si hubiese escapado de un oscuro y estrecho túnel que me agobiaba. He vuelto, me dije. Era la estación que me resultaba tan familiar y, si no hubiese sido por la bofetada de frío que sentí, hubiese ido a comprobar si los demás también habían vuelto, pero el intenso frío me arrastró hacia la cantina.

Sin duda era la querida estación de Salzstein, pero sin la cantina de Gisy. A mi pregunta: "¿Dónde está Gisy?", el dueño de la cantina respondió lisa y llanamente: "No hay ningún Gisy, no hay ningún Schmisy, yo soy el dueño de la cantina, yo y nadie más que yo". Sin darme cuenta le dije que cada año iba allí a pasar unos pocos días y que a todos nos gustaba la taberna de Gisy porque tenía un mobiliario de estilo antiguo.

—He tirado todos los muebles a la basura, una cantina debe estar limpia y ser práctica.

Y efectivamente así era: varias mesas de plástico, sillas de plástico, un anuncio del banco provincial y una máquina de discos que por una moneda te ofrecía veinte minutos de música estridente.

—Perdone —dije, y me dispuse a salir.

—El hombre del que ha hablado no ofrecía un buen servicio. Durante treinta años ha estado engañando a la gente —atacó por detrás.

—A mí no me engañaba —no pude contenerme.

—Es posible, pero yo no probaría su comida.

Me dolía que Gisy, en cuya compañía pasaba cada año muchas horas, ese hombre que intentó reconstruir en la estación la casa que había perdido, se hubiese quedado en la calle. Sabía que su mujer había emprendido una dura batalla contra él, le había mandado a través de sus abogados una citación y le había demandado, pero no me imaginaba que iba a ser desposeído de todo. Quería preguntar dónde estaba ese hombre tan extraordinario, pero sabía que no había a quién.

Salí a la calle. Hacía unos cuantos meses me había despedido de Stark en ese mismo lugar. Su mirada era tan intensa y pura que hizo que me ruborizase. Yo sabía que no le volvería a ver, pero me negué a aceptar sus palabras de despedida. No estaba perturbado como algunos otros. Sencillamente había vuelto a sus antepasados y a sus libros, y había encontrado en esos libros lo que en su juventud le había pasado inadvertido.

Subí a su cabaña. Al contrario que en verano, la loma estaba pelada y pude ver los campos y los huertos. Recordé las canciones y las exaltadas palabras sobre la recuperación y los planes de organización, sobre el particular proyecto de librar a los escasos y dispersos de la desesperación y el duelo, y por supuesto sobre la intención de fundar una editorial y una nueva revista, y sobre todo de iniciar una guerra a muerte contra la melancolía que estaba acabando con los judíos.

Cuando llegué a la cabaña de Stark, me recibió una joven monja. Enseguida me contó que el anciano había fallecido, que la Diputación había donado su casa a la iglesia y que ahora se utilizaría como capilla para los peregrinos.

–¿Y qué ha sido de los libros y las revistas? –pregunté en tono preocupado.

En respuesta a mi pregunta, la monja abrió la puerta de la cabaña, y ante mis ojos apareció una imagen asombrosa: todos los libros, los periódicos, las revistas y los fascículos, que habían estado tantos años esparcidos por las sillas, la cómoda y el suelo, estaban ahora ordenados sobre unos estantes nuevos. La luz de la tarde iluminaba el espacio vacío y una calma diáfana, esa paz que se encuentra sólo en los lugares deshabitados, reinaba en la amplia habitación.

–¿Y qué ocurrirá con estos libros? –pregunté.

–Están aquí –dijo la monja–, quien quiera consultarlos puede venir a hacerlo.

El rostro de la monja era joven, sonrojado y redondo, y una extraña inocencia lo cubría.

Incliné la cabeza como para desprenderme de mi ignominia.

Me hice a un lado y salí a rodear la loma. Antes lo hacíamos dos o tres veces, y en ocasiones cinco. Era parte de la ceremonia, parte de las noches en vela que pasábamos en casa de Stark. Volvíamos al alba y cantábamos "El pueblo de Israel está vivo, el pueblo de Israel está vivo". Algunos camaradas estaban en contra de esa canción y decían que la cantaban en los nidos de los Bne Akiva[1] antes de la

---

[1] Movimiento juvenil sionista religioso, fundado en Jerusalén en 1929. (*N. de la T.*)

guerra. Pero Stark la permitía aduciendo que ahora debíamos ser fuertes, y todo lo que fortaleciera la muralla de la vida y diera esperanza estaba permitido.

Después tomábamos café y discutíamos acaloradamente: las palabras viejas y las palabras nuevas se entrelazaban y sonaban como un prolongado rugido. Stark argumentaba citando los Midrashim y los libros hasídicos. Algunos camaradas rechazaban esos argumentos, porque según ellos no había que citar libros apolillados. Otros lloraban desesperadamente, como si el abismo abierto de par en par hubiese aparecido ante sus ojos.

Al mediodía nos entraba sueño a todos, y Stark se sentaba a la mesa y escribía sus misivas a los camaradas leales y a los camaradas que le habían abandonado.

XXXII

Cuando llegué a la estación ya era de noche. Antes me sabía de memoria los horarios de los trenes, ahora me parecían un caos. Olvidé que no era mi sitio habitual en esa época del año. Los horarios de invierno son distintos a los de primavera.

–Debo llegar urgentemente a Wirblbahn –me dirigí a la mujer de la ventanilla alzando ligeramente la voz.

–Si es así, no repare en gastos y saque un billete para el expreso. Llega dentro de una hora –me habló como se le habla a los campesinos que se agolpan junto a la ventanilla. Pero precisamente esa muestra de interés, con la que sólo pretendía ayudarme, me produjo cierto temor.

–No querría llegar en plena noche –dije.

–Se equivoca usted –dijo ella–, llegará de día.

–Gracias –dije, avergonzado por haber dejado entrever mis temores.

Me acordé de Gisy y no quise entrar en la cantina. Me quedé junto a las vías. Las imágenes cotidianas me iban rodeando. Durante años ésa había sido la encrucijada de mi vida, desde allí emprendía mis viajes y me llevaba el recuerdo de mis padres a todas las estaciones ferroviarias. Una vez, en una pensión remota, uno de los leales a Stark me dijo en tono preocupado y lleno de temor contenido: "Ahora me da miedo ir a casa de Stark. Su alma se ha reencarnado en otra distinta. Ya no es el comunista que conocí". "Ha vuelto a sus antepasados", intenté convencerle, pero él no era de mi opinión y siguió diciendo que se había producido un cambio aterrador en la personalidad de Stark y había que alejar a la gente de su cabaña para que no la infectara con sus extraños pensamientos. Como en sueños recordé a ese hombre, su porte y su rostro atemorizado.

–¿Puedo preguntarle adónde se dirige? –me dijo uno de los viajeros.

–A Wirblbahn.

–Dios Santo –dijo–, es un lugar desierto.

–No para mí –contesté.

–Durante la guerra estuve allí vigilando los almacenes –me confesó.

–Cambiará muy pronto –le dije.

–Los discapacitados físicos eran enviados allí.

–¿Y cómo era?

–Repugnante.

–¿Por qué?

–Porque tus coetáneos estaban en el frente, luchaban, eran heridos y morían como héroes, y mientras tanto tú clasificabas equipamientos, pavimentabas caminos, abrillantabas zapatos y por la noche vigilabas los almacenes –tenía unos setenta años y se apreciaba que ese recuerdo lejano, vergonzoso, aún estaba grabado en su corazón.

–Cada uno tiene su guerra –dije.

–Todo por culpa de una cojera de nada. Una cojera casi imperceptible. Después de la guerra los soldados volvían del frente contando maravillas, y tú eras el tonto del pueblo. Te quedabas en un rincón, inmóvil como una piedra.

–Pero muchos murieron –intenté tranquilizarle.

–Por aquellos años la muerte me parecía mejor que servir en Wirblbahn. Ahora soy viejo –dijo, e hizo un gesto que claramente me trajo a la memoria el que había hecho Nachtigal antes de matarle, un gesto desdeñoso que decía, mi vida ha acabado y no tiene sentido cambiarla.

Volví a mirarle. Estaba encorvado, apoyado en su bastón. Se notaba que su vida no había sido espléndida, y ahora, al acercarse al final, se había vuelto repulsiva.

–Si me hubieran enviado al frente mi vida habría sido completamente distinta –dijo con voz temblorosa.

–¿En qué habría sido distinta?

–¿En qué?, me pregunta, en todo. Habría sido otra persona. Me habría casado con otra mujer. Habría tenidos otros hijos. Habría habido luz en mi vida.

El tren llegó y la conversación se interrumpió. Me apresuré a subir a uno de los últimos vagones. Era un tren moderno, sin compartimientos, de los que no se veían en la provincia. El aire olía a serrín fresco.

El anciano viajero entró, se sentó a mi lado y volvió a hablar de esa ignominia llamada Wirblbahn que había oscurecido y afeado su vida. Al final tuvo que vivir de la escasa y mísera herencia que le dejaron sus padres.

Luego fuimos a la cafetería y le invité a una copa. La copa no le quitó de la cabeza la deshonra, al contrario, después de tomársela parecía haberse acrecentado. Culpó a su padre, que había descuidado su educación y, en lugar de enviarle a Viena, había ahorrado cada céntimo para proporcionarle a su hija una dote digna.

–¿Y qué va a hacer usted en Wirblbahn? –me preguntó de repente.

–Voy a prenderle fuego –dije con voz clara.

–¿Cómo? –dijo el anciano con voz balbuceante, y enseñando los pocos dientes que le quedaban.

–En el sentido literal.

–¿Es usted ingeniero?

–Sí, señor.

–Esa idea no se me había ocurrido.

–Es un lugar terrible, espantoso, y hay que arrancarlo de raíz. Voy a hacerlo con la mente clara, con gusto y sin ningún cargo de conciencia. No hay que dejar sitios así en el mundo.

–Lleva razón. ¿Y qué van a construir allí?

–Aún no lo sé. Lo primero de todo es destruir el lugar y después ya veremos lo que hacemos.

–Es algo muy sensato –dijo el anciano, y en sus ojos apagados se encendió un recuerdo doloroso–, es una lástima haber desperdiciado mi juventud allí.

–No se preocupe, no dejaremos nada en pie.

–¿Cuándo lo va a hacer?

–En los próximos días. Para eso voy allí.

–Hace bien –farfulló el anciano, y su cabeza cayó sobre la mesa debido al cansancio.

También yo estaba cansado, las cosas que había dicho me debilitaron y me marearon. Ante mis ojos serpenteaban destellos amarillos que se mezclaban con destellos negros, y tuve la certeza de que mi vida en ese lugar se había extinguido definitivamente, y que si había otra vida, no sería una vida feliz. Como en una pesadilla prolongada y diáfana vi el mar tenebroso, y supe que en mis actos no había habido entrega ni belleza, lo había hecho todo por obligación, con torpeza, y siempre con retraso.

Este libro se terminó de imprimir
en Indugraf S.A.,
en el mes de abril de 2005.
www.indugraf.com.ar